PROCÈS

INTENTÉ

A MESSIRE ADAM JOSEPH BARON

DE SOTELET

DU St. EMPIRE ROMAIN, &c. CONSEILLER DES
FINANCES ET DIRECTEUR GENERAL DES
DROITS DE SA MAJESTE' IMPERIALE
ET CATHOLIQUE AUX PAYS-BAS.

PAR LES

CONSEILLERS FISCAUX

DE SADITTE MAJESTE'.

PARDEVANT

SON GRAND CONSEIL A MALINES

SECONDE PARTIE.

Où font compris les Interrogatoires, les Ampliations des reponfes, & autres Pieces fervant d'éclairciffement.

M. DCC. XXXVIII.

TABLE.

De la seconde Partie.

PROCÉS

INTENTÉ

A MESSIRE ADAM JOSEPH BARON

DE SOTELET

DU St. EMPIRE ROMAIN, &c. CONSEILLER DES
FINANCES ET DIRECTEUR GENERAL DES
DROITS DE SA MAJESTE' IMPERIALE
ET CATHOLIQUE AUX PAYS-BAS.

PAR LES

CONSEILLERS FISCAUX

DE SADITTE MAJESTE'.

PARDEVANT

SON GRAND CONSEIL A MALINES

SECONDE PARTIE.

Où font compris les Interrogatoires, les Ampliations des reponfes, & autres Pieces fervant d'éclairciffement.

M. DCC. XXXVIII.

PREMIER INTERROGATOIRE

Tenu le douze & treize d'Août de l'an 1737.

Exhibé par le Conseiller Procureur General au Verbal du 5. Août 1737.

Faits & charges pour le Conseiller Procureur General de S A M A J E S-T E' Acteur, contre N. Baron de Sotelet arrêté, detenu en la Conciergerie de ce Conseil.

I.

Onsieur le Commissaire est requis de demander à l'Arreté son nom & pronom, le lieu de sa naissance, son âge, comment & à quel sujet il s'est rendu en ces Pays, quels emplois il a successivement deservis, comment il en sortit, les voyages qu'il a fait à la Ville Imperiale de Vienne, s'il a eu commission ou permission du Gouvernement pour s'y transporter à chaque fois qu'il y a été.

I I.

Declarera aussi le sujet de son dernier voyage de Vienne, les raisons qui l'ont porté à l'entreprendre, comment il y a eté reçu à son arrivée, pourquoi il y a eté arrêté, quand cet arrêt de sa Personne a eté decerné, par qui & par quelle raison ?

I I I.

Au surplus le Conseiller Procureur General pose en fait veritable, que par l'article premier de l'acte de la Direction & Regie generale des Droits de Sa Majesté du 29. Août 1735. accordé à l'Arreté, il est porté qu'il pourra congedier, changer & suspendre de leurs Emplois tous les Officiers etablis à la perception & conservation desdits Droits,

I V.

A condition neanmoins & sous la Clause bien expresse, qu'il

a

étoit obligé de rendre compte de tel changement, ſoit au Conſeil des Finances, ſoit au Grand Maître, ou tout au moins à SON ALTESSE Sereniſſime même.

V.

Que par une tranſgreſſion manifeſte de cet article, l'Arrêté s'eſt avancé à congedier, changer & ſuſpendre de ſon chef & de ſon bon plaiſir, tous Officiers qu'il a trouvé à propos ſans en rendre compte à perſonne.

V I.

Qu'il a fait ces changements continuels, afin d'oter au Conſeil de Finances toute connoiſſance de ſa Regie.

V I I.

Que par l'article 10. il eſt dit que la depenſe totale de la Direction ne pourra outre-paſſer la ſomme de 240. mille florins & que l'Arrêté ſeroit tenu de verifier cette depenſe au bout de chaque année par etat qu'il fourniroit à la Chambre des Comptes.

V I I I.

Que tous frais deduits, l'excrécence de laditte ſomme devoit revenir au profit de Sa Majeſté.

I X.

Qu'en laditte ſomme de deux cent quarante mille florins ſont compris conformement à l'article 12. le gage de l'Arrêté de trente mille florins par an & f25380. pour les Officiaux & depenſes, auſſi bien, que l'intereſt des avances que le Conſeil des Finances païoit auxd. Officiers, les reparations ordinaires, entretiens & loyers des Bureaux & neceſſités d'iceux.

X.

Que la même ſomme de 240. mille florins étoit plus que ſuffiſante pour ſubvenir & païer entierement toutes les charges dependantes de la Regie & Direction Generale.

X I.

Que malgré cela l'Arrêté dès ſon avenement à cette Regie a diminué & retranché les gages deſdits Officiers qui leurs avoient étés octroiez par le Conſeil des Finances.

X I I.

Qu'il a de ſon chef congedié & ſuſpendu une quantité des Officiers : à demander à l'Arrêté quel uſage il a fait de leur gages écheus pendant la vacation ou ſuſpenſion.

X I I I.

Qu'il ne leur a rien voulu laiſſer paſſer, ni valider des Expoſitats qu'ils avoient faits pour l'entretien & neceſſitez des Bureaux.

X I V.

Que pour ſouſtraire la connoiſſance de ce manege au Conſeil des Finances, l'Arrêté eu ſoin de lui faire remettre ſeulement pendant les ſix derniers mois de l'année 1735. qu'il etoit entré en la Direction, que des etats menſuels du produit des Bureaux.

X V.

Sans fpecifier les Employez non plus que leur gages ni les fraix des Bureaux.

X V I.

Que ledit Confeil pour s'en inftruire s'eft fait delivrer pendant les fix premiers mois de l'année 1736. des etats menfuels du produit general avec fpecification des fraix de chaque Bureau pour pouvoir reconnoître l'Emploi de ladite fomme de 240. mille florins.

X V I I.

Que quoique l'Arrête n'y a pas fatisfait au defir dudit Confeil, il a neanmoins pû reconnoître d'abord que le produit general de l'année de fa Direction ne portoit que f 1654717 :

X V I I I.

Que les fraix de regie fixez par la commiffion portent 240. mille fl. & les gages des Contrôleurs qui font à charge de Sa Majefté f 18921 : 13 montant enfemble à f 258921 : 13 : 11

X I X.

Laquelle fomme deduite du produit ci deffus refte clair & net f 1395795 : 13 : 7

X X.

Que l'année precedente finie le dernier de Juin 1735. regie par le Confeil des Finances lefdits Droits ont produit en general f 1713740 : 9 : 4

X X I.

Que les fraix de la regie de ladite année y compris les gages des Contrôleurs de Sa Majefté n'ont monté enfemble qu'à la fomme de f 216714 : 8.

X X I I.

Qu'ainfi le clair produit a eté de f 1497016 : 1 : 4.

X X I I I.

Que par confequent le produit utile & net de l'année precedente de la Regie du Confeil des Finances a plus porté que celui de la premiere année de l'adminiftration de l'Arrêté la fomme de f 101220 : 7 : 9 que Sa Majefté perd fur lefdits Droits.

X X I V.

Quoique l'Arrêté par les cinq Memoires & par fon acte de foumiffion qu'il a fourni au Gouvernement avoit promis de faire valoir les Droits de Sa Majefte 300. mille florins de plus par-deffus cent autre mille qu'il fe refervoit *in petto*.

X X V.

Que ce dechet eft provenu 1°. parce que les fraix de la Regie de l'Arrêté y joints les gages des Contrôleurs portent plus que ceux de l'année precedente la fomme de f 42197 : 5 : 11.

X X V I.

2°. Que les Droits de l'année de fon adminiftration portent moins que le produit de la regie du Conseil des Finances la somme de florins 59023 : 1 : 10.

X X V I I.

Malgré que durant sa regie il a effectivement eû plusieurs moïens & sujets pour augmenter le produit desdits Droits , que ledit Conseil n'avoit pas eu l'année precedente.

X X V I I I.

Sçavoir le passage des chevaux qu'il a transité avec une entiere liberté & a tout prix.

X X I X.

La sortie du Colsaet d'où est provenu , ou a dû provenir une somme considerable.

X X X.

La sortie du Lin crud , parmi païant des triples Droits.

X X X I.

Le transit considerable de toutes sortes de marchandises par les Pays-Bas, d'Hollande sur Liege & *vice versa* , & plusieurs autres aisances qu'il a eu pour faire augmenter considerablement cette branche des revenus de Sa Majesté.

X X X I I.

Que l'Arrêté pour encore ôter de plus en plus toute connoissance au Conseil des Finances de ce qui se passoit aux Bureaux de la Direction d'iceux, a tramé & comploté avec les Receveurs pour qu'ils ne rendissent point leur Compte à la Chambre ainsi que S. A. S. le leur avoit ordonné.

X X X I I I.

Qu'il a excedé de beaucoup la somme convenuë & arrêtée de 240. mille florins pour les fraix de regie.

X X X I V.

Que par l'article trois dudit acte de regie relatif au soixante cinquiéme de l'acte d'admodiation de l'an 1732. il est très-étroitement deffendu au Directeur General de recevoir directement ou indirectement aucun denier ni autre chose quelconque de ceux qu'il nommeroit aux Commissions de Collecteurs, Receveurs, Commis, Visitateurs, Gardes ou autres Officiers à peine de mille ecus d'amende.

X X X V.

* Que l'Arrêté pour eluder le dispositif de cet article a expratiqué le moïen de se faire donner de l'argent en contraignant lesdits Officiers de lui consigner en main pour la sureté de leur entremise une somme de deniers qu'il lui plaisoit de tauxer.

X X X V I.

: Et ce malgré que l'Arrêté n'avoit aucune maniance des deniers, mais qu'il étoit seulement tenu de les faire entrer en Caisse.

X X X V I I.

* Que plusieurs de ces Officiers ne se trouvant en etat d'y satisfaire

lui

lui ont offert de donner bonne & suffisante Caution fidejussoire ou réele en fond d'heritage.

XXXVIII.

* Outre & par-dessus leurs respectives avances qui leur devoient tenir lieu de Caution.

XXXIX.

* Que l'Arrêté a rejetté ces offres & les a obligé de lui fournir de l'argent comptant, les menaçant en cas de refus de les congedier.

X L.

* Que cependant pour ne pas faire crier trop une extorsion pareille il cru de se pouvoir tirer d'affaire en leur passant une obligation de la somme reçue avec promesse d'interêt jusqu'au remboursement.

X L I.

* Que par ces sortes de pratique l'Arrêté de son propre aveu a fait entrer en ses coffres une somme de florins 42772. sans prejudidice de plus.

X L I I.

* Que l'Arrête malgré ses promesses, n'a jamais payé aucun interêt des sommes considerables qu'il a ainsi touché.

X L I I I.

Que ces pauvres Officiers qui avoient de la peine a pouvoir subsister avec leur Famille de la modicité de leur Gages, & n'ayant de l'argent à la main pour pouvoir fournir à la Taxe leurs imposée par l'Arrêté ont dû lever le Capital & en payer l'interêt.

X L I V.

* Que se voyant poursuivis par leurs Creanciers au païement des Canons & au remboursement ou hypothecation du Capital ils ont prié très-instament l'Arrêté à leur vouloir faire raison de leur argent qu'il avoit en mains, ou du moins à leur en payer l'interêt qu'il avoit promis.

X L V.

Que l'Arrêté les a toûjours chassé de sa maison avec dureté & menaces.

X L V I.

* Que plusieurs de ses Officiers se trouvants reduits aux abois, ont été contraints de poursuivre l'Arrêté en Justice devant ce Grand Conseil pour avoir restitution ou remboursement de leurs deniers avec les interêts échus.

X L V I I.

Que l'Arrêté ne trouvant rien à redire à la legalité de leurs pretentions s'est laissé condamner par Contumace.

X L V I I I.

Que malgré la Sentence d'adjudication par eux obtenue ils n'ont aucun espoir a pouvoir recouvrer leurs Creanciers.

XLIX.

Que l'Arrêté par ces voïes illicites a occasioné la faillite & emprisonement de quelques-uns desdits Officiers.

L.

Entre-autre celle du nommé Dierens Receveur des Droits d'Entrée & Sortie à Oftende.

L I.

* Que l'Arrêté s'est fait donner par ledit Receveur une Caution en argent comptant de sept mille florins,

L I I.

* Qu'après plusieurs Traites que l'Arrêté a fait sur ledit Dierens, icelui se trouvant recherché de fournir à la Veuve Proli Receveuse établie par sa Majesté du clair & net des Droits d'entrée & sortie ce qu'il devoit à la Caisse, il ecrivit à l'Arrêté le 15. du mois de Janvier 1736.

L I I I.

Que ladite Lettre ayant eté adressée à l'Arrêté il y fit repondre le 16. par son premier Official Dupaix, qu'il n'etoit pas le maître de lui donner du tems pour satisfaire à la courteresse de sa Recette.

L I V.

Cependant il lui donne conseil, qu'il ne feroit pas mal en attendant qu'il soit en etat de payer, de tâcher de se procurer quelque chose des Marchands à compte de ce qu'ils devront au Comptoir, pour pouvoir satisfaire seulement à la courteresse du mois de Novembre.

L V.

Ou bien de se servir de ce qui etoit échu des 15. premiers jours du mois suivant, pour completter le precedent, lui recommandant de tenir le secret.

L V I.

Que par ainsi ledit Dierens etant demeuré redevable des écheances des mois de Novembre & Decembre de l'année 1736. sans recevoir aucun secour de l'Arrêté; & se trouvant sommé & à la veille d'être executé, il s'est vû contraint à s'evader & à faire banqueroute.

L V I I.

Que l'Arrêté est cause de sa faillite.

L V I I I.

Que par cette raison le Conseil des Finances a soutenu que l'Arrêté devoit bonifier à Sa Majesté la redevance dudit Dierens.

L I X.

Que l'Arrêté s'y est fortement opposé soutenant qu'il n'etoit responsable de sa faillite.

L X.

Que pendant qu'on agitoit long-tems de part & d'autre la Question de Droit, l'Arrêté eu soin de receler la Caution réele de florins 7000. dont il etoit garni.

L X I.

Jufqu'à ce que le Confeil des Finances en ayant eu le vent, en écrivit à l'Arrêté le 18. du mois de Fevrier 1737. pour l'informer de ce qui en étoit.

L X I I.

Que l'Arrêté voyant pour lors que le pâté étoit decouvert, a convenu qu'il avoit ladite fomme en mains.

L X I I I.

Que par un decompte du reçu & des païemens faits par Dierens, qu'il envoia au Confeil des Finances, il fit voir qu'en lui validant fon avance de 6000. florins on pourroit recouvrer la courtreffe de ce qu'il devoit fur laditte fomme, de 7000. florins.

L X I V.

Que parmi ce, que la queftion de Droit que l'Arrêté avoit fi long-tems agitée en recelant laditte caution, eft venue à ceffer.

L X V.

Que par le deuxiéme article de la foumiffion de l'Arrêté & de fa commiffion il eft obligé de faire rembourfer les avances des Receveurs qu'il deftitueroit par ceux qu'il commetroit en leur place.

L X V I.

Que malgré cette obligation il a fait rembourfer des deniers de la recette de Luxembourg, à N. Laiskin, Receveur de Bihain, departement de St. With en la Province de Luxembourg, fon avance de f 1114 : 18

L X V I I.

Qu'il a fait faire pareil rembourfement des deniers de Sa Majefté au Receveur de Tournai Lacquemans au mois de Septembre 1735. de fon avance de 4000. florins.

L X V I I I.

Que l'Arrêté, comme dit eft, enfuite de l'Article 7. de fa foumiffion n'avoit aucun maniment des deniers à provenir des Droits de Sa Majefté, fauf le contrôle d'entrée en Caiffe.

L X I X.

Que ce nonobftant, il a agi en maître & difpofé de la Caiffe à fon bon plaifir, au moien des deniers qu'il s'a fait payer par les Receveurs.

L X X.

Que pendant les fix premiers mois de fa direction il a touché la fomme de f 104846 : 16 : 8 pour les gages des Employez, felon qu'il confte de fon grand regiftre remis à la Chambre des Comptes.

L X X I.

Que pardeffus ce, il s'a fait païer des deniers du Bureau de Bruxelles la fomme de f 35059 : 8 : 9

L X X I I.

Qu'il a fait païer à fes ordres par le Receveur dudit Bureau f 561 : 13

L X X I I I.

Commè auſſi par le Receveur d'Anvers f 210 :

L X X I V.

De même par le Receveur de Turnhout f 522 :   1 :

L X X V.

De celui de Namur f 400 :

L X X V I.

Qu'il a auſſi fait paÿer à ſes ordres par le Receveur de Mons f 425 : 8 : 1

L X X V I I.

Et par le Receveur d'Oſtende f. 1140 :

L X X V I I I.

Qu'il a fait compter à Dupaix par le Receveur de Gand f 1050 :

L X X I X.

Leſquelles ſommes montent enſemble f ~~24214~~ : 10 : 10

L X X X.

Que ſelon ledit acte de ſoumiſſion & commiſſion il ne lui revenoit pour les ſix derniers mois que la ſomme de 120. mille florins reglée pour les fraix de regie.

L X X X I.

Partant que l'Arrêté a plus touché & apliqué à ſon profit particu-lier, au prejudice de Sa Majeſté, la ſomme de f 24214 : 10 : 10

L X X X I I.

Que cette ſomme aux ſix premiers mois de l'année 1736. s'eſt trou-vée augmentée juſqu'à 62. mille florins *ſalvo juſto*, que l'Arrêté a di-verti.

L X X X I I I.

Que voiant qu'une ſi grande diverſion des deniers venoit à eclater, il s'eſt mis en devoir de faire quelque païemens, à concurrence de neuf mille florins *ſalvo juſto*.

L X X X I V.

De ſorte que laditte ſomme de 62. mille florins ſe trouvoit diminuée à 53., ſur laquelle il a ſoutenu que lui devoient valider des autres ſom-mes, qu'il a porté en compte & qu'on lui a conteſté.

L X X X V.

Que dans la ſupoſition qu'elles lui devroient effectivement paſſer, il ſe trouve de ſon propre aveu, tous leſdits pretendus païemens raba-tus, reliquataire ſur ces deux termes de la ſomme de f 27199 : 11 : 6

L X X X V I.

Que l'Arrêté n'a pas ſeulement diverti les deniers de Sa Majeſté à ſon profit particulier, mais auſſi à celui de ſes Freres.

L X X X V I I.

Qu'il a fait paÿer au Receveur de Navagne Orban, à ſon Frere Ar-nould Sotelet, la ſomme de f 2111 : 10 à compte de ſes apointe-mens d'Inſpecteur General des Droits d'Entrée & Sortie, lui accordé par commiſſion de l'Arrête.

L X X X V I I I.

LXXXVIII.

Qu'il a ordonné pareillement de payer à fon autre frere Pierre-Paul de Sotelet la fomme de 1650. fl. pour par païement de fes apointemens de 1800. fl. par an, en qualité d'Infpecteur General des Buréaux fur la Meufe & de Luxembourg.

LXXXIX.

Que Pierre-Paul de Sotelet tient fa fixe refidence à Liege, & qu'il ne s'eft jamais mêlé de faire la fonction d'Infpecteur.

XC.

Que ni l'un ni l'autre n'ont jamais prêté ferment en qualité d'Officiers des Droits, comme ils auroient dû faire, felon l'Article 120. dé la patente de regie de l'an 1732.

XCI.

Qu'ils n'ont jamais fait, du moins pas produit, aucun raport de leurs vifites.

XCII.

Que dans la fupofition que fes freres auroient été Infpecteurs Generaux, & qu'ils le pouvoient être, leurs pretendus gages feroient en tout cas compris, & payez par les 4615. fl. que l'Arrêté tiroit par mois du Bureau de Bruxelles.

XCIII.

Que par deffus ce l'Arrêté a encore tiré de la Gaiffe d'Orban, une fomme de 1848. fl. 18. f. 1. d. pour prix des Tableaux, qu'il avoit fait quárrer à fon profit au Bureau de Sprimont, fait fortir du Pays, fans les avoir expofé en vente publique.

XCIV.

Que lefdites premieres deux fommes payées par Orban auxdits deux freres de l'Arrêté, lui ont été rayées dans fes comptes rendus à la Chambre.

XCV.

Dont étant demeuré reliquataire envers Sa Majefté ; ainfi que de quelques autres fommes, & n'aïant de quoi fatisfaire à fa redevance, il a eté arrêté en la Ville de Bruxelles & colloqué à la prifon de Treurenbourg, où ils eft encore actuellement detenu.

XCVI.

Sans que l'Arrêté fe foit mis en devoir de le retirer de la prifon, en lui refourniffant les deniers qu'il a debourfé par fon ordre.

XCVII.

Que le Quarrage des fufdits Tableaux n'a pas eté le feul que l'Arrêté a fait de la Caiffe de Sa Majefté ; mais qu'il en a fait plufieurs autres fur le même pied.

XCVIII.

Que les Quarrages à la valeur declarée, avec 15. pour cent par-deffus la Declaration, fe font au profit particulier du Direc-

teur, qui eſt tenu de ſe charger en Recette des Droits des Marchandiſes quarrées, à proportion de la valeur declarée & de l'excrécence qu'elles auront été venduës.

X C I X.

Que cette Vente ſe doit faire publiquement en preſence du Contrôleur.

C.

Que l'Arrêté devoit fournir cette valeur declarée avec les quinze
pour cent de ſes propres deniers, à quoi il s'etoit aſtraint lui-même
par l'article 51. de ſon Reglement imprimé du premier Août 1735.

C I.

Qu'il n'a pas envoié de l'argent pour faire ces ſortes de quarrages ;
mais qu'il les a fait prendre des Caiſſes.

C I I.

Que l'Arrêté n'a pas ſeulement pris hors la Caiſſe les deniers du
quarrage deſdits Tableaux; mais auſſi les Droits dûs à l'entrée au Pays
de Liege, où il les avoit envoié.

C I I I.

Que ceux de ſortie de ces Pays ne ſont pas bonifiez, & que juſques aujourd'hui leſdits deniers de ce quarrage ne ſont pas remplacés.

C I V.

Que lorſqu'une marchandiſe quarrée n'eſt pas venduë publiquement
en preſence du Contrôleur de S. M.; mais qu'on en fait un accord par
forme de revente, cette convention change le quarrage en accord.

C V.

Qu'en ce cas on en doit renſeigner le tiers clair & net au profit de
S. M.

C V I.

Que tels accords doivent être agréez par le Juge du departement ou
par le Conſeil des Finances.

C V I I.

Que l'Arrêté s'eſt fort peu ſoucié de faire agréer ces accords, ſoit
par le Juge, ou par ledit Conſeil, les aiant fait de ſon chef & à ſon
bon plaiſir.

C V I I I.

Que le 30. du mois de Juillet 1735. on a pris à la valeur au Bureau
d'Anvers une partie de 9032. aunes de Cottons imprimez, que le
nommé Marchand Walckiers de Courtrai declara pour 3070. florins,
revenant à peu près à ſept ſols l'aune.

C I X.

Que ces Cottons valoient du moins neuf ſols l'aune.

C X.

Que ledit Walckiers s'eſt donné tous les mouvemens poſſibles, au-
près de l'Arrêté pour ravoir les Cottons.

C X I.

Qu'à la fin il a fait un accord avec lui pour la ſomme de trois cent florins, par deſſus la valeur declarée ſans intervention ni agreation du Juge ni dudit Conſeil.

C X I I.

Que parmi cette ſomme de 300. fl. payée par le Marchand, il a re-lâché les Cottons quarrez ſans en avoir renſeigné le tiers au profit de S. M.

C X I I I.

Qu'en l'année 1736. le nommé Jean-Baptiſte Van Pruyſſem a fait venir d'Hollande, ſept Balots de Cotton imprimé contenant 1437. pieces.

C X I V.

Qu'il les a declaré au Bureau d'Anvers à 31000. aunes tant ſeule-ment, quoique ces 1437. pieces montoient à 34488. aunes.

C X V.

Que par ainſi il y avoit 3488. aunes d'excrécence.

C X V I.

Qu'une declaration auſſi frauduleuſe emportoit une commiſe & con-fiſcation de ces marchandiſes; dont il en devoit revenir un tiers clair & net au profit de S. M.

C X V I I.

Que ce nonobſtant, l'Arrêté s'eſt avancé le 26. Juillet 1736. de faire un accord avec Van Pruyſſem pour 700. fl. par deſſus la valeur declarée.

C X V I I I.

Que cette ſomme ne montoit pas à la juſte valeur des marchandiſes recelées.

C X I X.

Que l'Arrêté a tenu cet accord ſecret juſques à ce que s'étant aper-çu qu'on veilloit de plus près à ſa conduite, il le preſenta en Finances pour être agreé.

C X X.

Mais que ce Conſeil aiant remarqué que la ſomme de 700. fl. étoit trop modique, par raport à 34488. aunes, qui étoient dans le cas de confiſcation, ne trouva pas à propos d'agréer ledit accord.

C X X I.

Que par lettres du 24. Octobre 1736. il manda à l'Arrêté, que la fraude étant manifeſte, il ne pouvoit point s'agir d'accommodement, & lui ordonna de pourſuivre la confiſcation par devant le Juge.

C X X I I.

Que juſques lors, le Conſeil des Finances étoit dans la penſée que cet accord n'étoit pas executé par le payement de la ſomme ſtipulée, & la delivrance du Balot de Cotton ſaiſi.

C X X I I I.

Que du depuis il s'eſt aperçu, que ſans attendre aucune agreation, la marchandiſe avoit été delivrée au Marchand, & le prix de l'accord reçu.

C X X I V.

Par consequent, que ce n'étoit que pour la forme que l'Arrêté demandoit l'agreation du Conseil, pour couvrir cet accord, qui avoit deja été fait & executé de part & d'autre.

C X X V.

Que cette faculté à pouvoir quarrer introduite pour prevenir les fraudations des Droits, & afin que les Marchands eussent à declarer la juste valeur, l'Arrêté en a souvent abusé, & s'en est servi d'un manteau pour vexer les Marchands & detourner le commerce de ces Pays.

C X X V I.

Que d'abord que ses Employez lui firent la denonciation de quel que quarrage, il ordonna qu'ils auroient à tirer les deniers hors de la Caisse.

C X X V I I.

Que les Marchands intimidez par la menace des Employez, aimerent mieux de faire un mauvais accord, que de soutenir une bonne cause.

C X X V I I I.

Que ce quarrage se faisoit communement à dessein de profiter de la depouille des Marchands, par des accords, dont les Employez partagerent avec l'Arrêté le profit, sans renseigner à S. M. sa part.

C X X I X.

Qu'au commencement de la Guerre declarée par le Roi Très-Chrétien à Sa Majesté Imperiale & Catholique en l'année 1735. il y a eu une defense expresse publiée & envoiée à tous les Bureaux de laisser sortir des chevaux pour la France.

C X X X.

Que l'Arrêté s'est presumé de permettre la sortie, d'une grande quantité dans plusieurs Bureaux.

C X X X I.

Qu'entre autre certain Marchand a eu la temerité de faire conduire en France vers la fin du mois de Fevrier, ou le commencement de Mars de ladite année 1735. quarante-sept chevaux de couple.

C X X X I I.

Que cette fraude avoit eté commise du tems de la regie du Conseil des Finances.

C X X X I I I.

Que par dessus la confiscation il y avoit une amende de cent florins par cheval.

C X X X I V.

Qu'à la fin ladite fraude aiant eté decouverte, ledit Marchand fut actionné au mois d'Octobre ou Novembre pardevant le Juge de Luxembourg.

C X X X V.

Mais n'étant comparu au jour assigné, defaut fut decreté à sa charge, ge, & affiché à la Breteque de St. Vith.

C X X X V I.

Que le Marchand voiant que l'affaire devenoit ferieufe, & que le fait étoit averé, pris le parti de s'adreffer à l'Arrêté qui étoit pour lors à Liege.

C X X X V I I.

Qu'il y negocia fi bien, que l'Arrêté parmi une piece de vin de Bourgogne dont il lui fit prefent, il lui fit grace, en païant les Droits à concurrence de quarante chevaux tant feulement.

C X X X V I I I.

Qu'au furplus il modera le prix de chaque cheval à cent florins, quoiqu'ils valoient pour le moins un tiers plus.

C X X X I X.

Monfieur le Commiffaire demandera à l'Arrêté le nom de ce Marchand, le lieu de fa refidence & s'il a paffé des autres fois avec des chevaux par les Terres de l'obeiffance de Sa Majefté, quels Droits il a payé & à quel Bureau.

C X L.

Que l'Arrêté après cet accord fait, donna ordre à fes Employez de faire ceffer les Procedures intentées devant le Juge de Luxembourg fur ce fujet.

C X L I.

Que l'Officier de l'Arrêté ayant eu connoiffance murmura hautement contre cette grace.

C X L I I.

Que ledit Marchand pour le faire taire lui envoya un cheval chargé de bouteilles.

C X L I I I.

Qu'au même tems de la Declaration de la Guerre, les Aveines étoient pareillement de contrebande.

C X L I V.

Que l'Arrêté a permis qu'elles fortaffent du Pays en les declarant pour Orge ou autres efpeces de grain.

C X L V.

Il eft de même des laines & lin crud, en mettant fur le regiftre toutes fortes de Beftiaux.

C X L V I.

Que les Officiers qui firent difficulté d'obeir à fes ordres, alleguant que c'étoit contre leur ferment & contre le fervice de Sa Majefté, furent difgraciés & interdits de leurs emplois.

C X L V I I.

Que l'Arrêté a emprunté de l'argent de plufieurs Marchands.

C X L V I I I.

Que pour les defintereffer il les a favorifé dans leur commerce, en leur accordant diminution des Droits de Sa Majefté

C X L I X.

* Que le 23. du mois de May 1733. Joffe Dierens Receveur à Oftende a reçu un Prêt par ordre & pour le compte de l'Arrêté, repris dans la Miffive du 22. dudit mois, la fomme de florins 3500. argent courant du Marchand Arckdeacon à Bruges.

C L.

* Que Dierens au nom de l'Arrêté lui promit de laiffer valider fur les Droits des marchandifes que le même Negociant declarera au Bureau d'Oftende.

C L I.

* Comme auffi qu'il le laiffera jouir de la moderation de vingt cinq pour cent fur la cargaifon du Sel qu'il attendoit par le Vaiffeau du Capitaine Lucas d'Alicante, ainfi que la même moderation lui avoit été accordée fur les Vaiffeaux precedens.

C L I I.

* Que, fous les mêmes claufes & conditions, ledit Dierens par reconnoiffance du deux du mois de Juin de laditte année, a fait un autre emprunt d'Arckdeacon pour le compte de l'Arrêté de fept mille florins.

C L I I I.

* *Item* le mois fuivant 12. du mois de Juillet, du même Arckdeacon la fomme de f 1901 : 3 pour le compte de l'Arrêté, que Dierens promet & accepte de lui païer des premiers deniers qui entreront dans fon Bureau.

C L I V.

* Que l'Arrêté a fait relâcher au même Arckdeacon fix mille livres de beure qui étoient tombées en confifcation.

C L V.

* Que l'Arrêté a emprunté fous les claufes & conditions que deffus du Marchand Charles Willaert à Bruges la fomme de neuf cent livres de gros argent fort.

C L V I.

* Que pour le defintereffer de ce prêt, il a fouffert qu'il defrauda les Droits de Sa Majefté.

C L V I I.

* Que les Gardes aiant faifis fes marchandifes à caufe de l'excrécence notable de celle qu'il avoit declarée au Bureau, l'Arrêté fur les plaintes lui faites par Willaert les a fait relacher d'abord.

C L V I I I.

* Que Willaert s'étant emporté contre le Garde qui avoit fait l'exploit de faifie lui difant qu'il le feroit repentir de ce qu'il avoit fait, l'Arrêté pour fatisfaire au defir de fon Creancier à caffé ledit Garde.

C L I X.

* Qu'après qu'il avoit été longtems hors d'emploi & qu'il avoit fait des inftances continuelles envers Willaert pour être retabli, l'Arrêté l'a

enfin retabli à la requifition du même Willaert.

C L X.

* Que l'Arrêté a encore emprunté du Marchand de Poortere à Bruges une fomme de deux cent livres de gros argent fort.

C L X I.

* *Item* de la Chambre d'affurance audit Bruges une fomme de quatre cent livres de gros pareille monoie qui lui a eté comptée par François de Coninck Official de laditte Chambre.

C L X I I.

Que l'Arrêté s'eft avancé de fon chef & fans permiffion du Gouvernement de faire des difpofitions contraires aux Tarifs & Ordonnances.

C L X I I I.

Qu'il a ordonné de diminuer les Droits fur les cuivres , foieries, fines marchandifes , d'un cinquiéme.

C L X I V.

Qu'il a laiffé paffer les Aiguilles pour cuivre.

C L X V.

Qu'il a diminué les Droits d'Entrée & Sortie fur les Fers etrangers à vingt fols par mile pefant, au lieu de trois florins dix fols qu'ils payent pour entrée & demeure au Comté de Namur & celui qui paffe outre cinq florins.

C L X V I.

Qu'une diminution fi confiderable a fait repandre une fi grande quantité de Fer non feulement à Charleroy, mais dans le Brabant, la Flandre & ailleurs, que le Gouvernement en reçu des plaintes ameres fur ce fujet des Maîtres de Forges du Comté de Namur.

C L X V I I.

Que cette diminution a occafioné le deperiffement de nos Forges au grand prejudice de Sa Majefté & du Public

C L X V I I I.

Que l'Arrêté pour avoir de l'argent a toûjours porté fes attentions a favorifer le Commerce etranger par les Tranfits qu'il a accordé

C L X I X.

Qu'il ne s'eft jamais foucié de faire entrer les deniers des Droits en la Caiffe de la Veuve Proli qui les reçoit pour Sa Majefté, malgré qu'il y étoit obligé par fa Commiffion & par les articles premier & deuxiéme de fon reglement imprimé.

C L X X.

Malgré auffi que tous les Receveurs étoient mis de fa main.

C L X X I.

Que l'Arrêté a contracté dans ces Pays de l'obeiffance de Sa Majefté des groffes Dettes, montantes aux environs à trois cents mille florins.

C L X X I I.

Qu'il n'a aucun fond ni rentes fous la Juridiction de Sa Majefté à les pouvoir fatisfaire.

CLXXIII.

Q'il a detourné & fait paſſer clandeſtinement à Liege ſes meubles &
effets les plus prétieux.

CLXXIV.

Qu'il a auſſi diverti ſa vaiſſelle & de tems en tems de l'argent comptant, pour le remetre & l'apliquer au Pays de Liege.

CLXXV.

Que ſe trouvant pourſuivi par une partie de ſes Creanciers en vertu
des Sentences & Jugemens rendus à ſa charge en ce Grand Conſeil, il
a medité la fuite.

CLXXVI.

Qu'il a demandé une permiſſion de SON ALTESSE Sereniſſime pour ſe tranſporter à Vienne.

CLXXVII.

Que bien loin que cette Auguſte Princeſſe la lui auroit accordée,
Elle a eté ſervie d'envoyer le 16. du mois de Mars dernier ordre au
Conſeil des Finances, afin qu'il eut à faire connoître à l'Arrêté inceſ-
ſanment que ſon intention & volonté étoit, qu'il reſtaſſe en la Ville de
Bruxelles juſques à autre ordre ſans s'en pouvoir abſenter à quelque
pretexte que ce puiſſe être ſans ſa permiſſion par ecrit.

CLXXVIII.

Que cet ordre a eté notifié à l'Arrêté par Lettres du Conſeil des Finances du même jour.

CLXXIX.

Qu'en mepris des ordres ſi précis il n'a pas laiſſé de ſortir auſſitôt
de Bruxelles de ſe rendre à Liege & de là à Vienne.

Moyennant quoi &c. Signé G. DE POTTER.

Fin du premier interogatoire.

SECOND INTERROGATOIRE

Tenu le 22. & 23. Août 1737.

Ampliation de faits & Charges pour le Conseiller Procureur Géneral de Sa Majesté
Acteur,

CONTRE

ADAM JOSEPH BARON DE SOTELET
Arrête & detenu en la Conciergerie du Palais.

I.

MOnsieur le Commissaire est requis de demander au detenu, si quelques semaines avant que de congedier le Receveur de Bihain nommé Leskin, il n'a point envoié à ce Bureau le garde nommé Du Bois ; qu'il avoit tiré de Drimborn pour se mettre au fait de cette recette.

I I.

Si vers ce tems-là, avant de demettre ce Receveur : il n'a point diminué son gage lui fixé par le Conseil des Finances ?

I I I.

Si contre cette diminution Leskin n'a point protesté devant Notaire.

I V.

Si au bout de six semaines que du Bois y avoit été, il n'a pas fait relever le Receveur par le même garde du Bois par *interim*.

V.

En le faisant rembourser de son avance par le Receveur de St. Vith appellé Bragard à concurrence au moins de 1000. florins.

V I.

S'il n'est pas vrai que le repondant auroit ordonné au nommé bragard de faire cette avance hors du produit de sa caisse en le tirant du mois de Decembre 1735.

V I I.

Que ce garde du Bois, depuis le 1. de l'an 1736., jusqu'au dernier de Septembre de la même année incluse, y a fait la recette, aiant été relevé par le nommé Piérret, pour lors à Drimborn :

E

V I I I.

V I I I.

Et que c'eſt ce même Pierret qui auroit à ſon avenement remplacé à bragard les 1000. florins avancés de ſa caiſſe pour rembourſer Leskin.

I X.

Qu'ainſi il y a eu neuf mois d'inteſtice entre le deport de Leskin,
& l'établiſſement de Pierret.

X.

Lui ſera pour ces raiſons repreſenté qu'il à peu ſincerement répondu
lors qu'il à dit a l'égard de ce fait, dans ſon Interrogatoire précedent, que ce rembourſement auroit été fait, de ſa part de confiſcation ſans toucher à la caiſſe de ſa Majeſté.

X I.

Puiſque dans ce cas Pierret ſucceſſeur n'auroit pas dû en rembourſer
bragard qui n'auroit acquité que ſa propre tedevance, en rembour-
ſant Leskin.

X I I.

Lui ſera pareillement répreſenté que ſa réponſe ſur le 67. Article
de l'Intergatoire précedent qui promet ſeulement un detail à l'égard
de Lacqueman, ci-devant receveur à Tournai, n'eſt pas categorique
n'i ſatisfactoire ainſi qu'il eſt interpellé de répondre directement, &
de convenir ou diſconvenir du fait y circonſtancié, a telle peine que
de Droit,

X I I I.

Et lui ſera de plus demandé à cet égard, ſi l'avance de 4000. fl.
que ce Receveur auroit prétenduement retenu ſur les deniers de ſa
recette en quittant ſon emploi, n'a pas été remiſe à la caiſſe de Sa
M. où pour mieux dire à la Veuve Proli, que l'une moitié au 19.
Mars : & l'autre au 20. d'Août 1736. ?

X I V.

Et ſi ce n'eſt pas le répondant qui l'a ordonné, ſoit par lettres de
change tirées ſur les Receveurs Van Doolen, ou autres des Droits
d'entrée & ſortie,

X V.

S'il n'eſt pas vrai que les dépeuſes de ſa Regie y compris les interêts qui étoient à ſa charge pour la 1. année échue le dernier Juin
1736. iroient ſelon ſon calcul à deux cent dix mille cincq cent ſoixante huit florins ?

X V I.

Qu'ainſi pour completter les deux cent 40. mille fl. accordés pour
fraix de Regie, il ne reſta plus que vingt neuf mille 400. trente &
un florins.

X V I I.

X V I I.

Que par une conſequence ulterieure pendant toute cette année le répondant ſans commettre excès ne pouvoit toucher que cet excedant de , vingt neuf mille quatre cent trente & un fl.

X V I I I.

Qu'il s'eſt cependant fait paier pax Rocquigni Receveur ds Bruxelles juſques & compris le 3. de Juillet 1736. , cinquante deux mille 294. fl.

X I X.

Par où il auroit plus diſpoſé qu'il ne lui étoit accordè cette année la ſomme de vingt deux mille 863. fl.

X X.

Et que même à prendre ce point ſelon le propre ſyſteme de l'Arrêté , il reſulte du calcul menſuel , qu'il ne s'eſt jamais borné dans les limites de ſa propre convention.

X X I.

Il avouera qu'il ne pouvoit diſpoſer par mois ſur la recette de Bruxelles que de 4615. fl. faiſans pour une année 55380. florins.

X X I I.

Que ſelon ſes quittances cependant données le Juillet 1736. , il réconnut d'avoir reçû 52. mille 94. fl. 14.-7.: ſçavoir 35. mille 59.. fl. 8.-9., & encore 17. mille 235. 5.-10.

X X I I I.

Tellement qu'en plein acquit de ſon aſſignation pour la premiere année il ne trouvoit lors bon que trois milles 85. 5.-5.

X X I V.

Au 15. d'Août 1736. enſuivant il n'étoir échu qu'un mois qui étoit celui de Juillet 1736. qui avec les trois mille 85. fl. 5.-5. reſtans , ne faiſoient enſemble que ſept mille 700. fl. 8.-8,

X X X V.

Il eſt néanmoins veritable que le 4. Août 1836. il s'eſt fait encore fournir par la recette de Bruxelles 12264. fl. 8.-8.

X X X V I.

Qu'ainſi à ce jour la il avoit déjà excedé ſa commiſſion & ſa permiſſion d'environs 4564. fl.

X X V I I.

Et par conſequent avoit devancé ſon terme de près d'un mois.

X X V I I I.

Qu'au lieu de valider cet excedent ſur le courant du mois d'Août , il s'eſt encore fait paier le 28. de Septembre après & avant l'écheance de ce même mois courant 9853. fl. 9.

X X I X.

X X I X.

De forte que ce jour 28. de Septembre 1736. il avoit plus touché qu'il ne lui étoit permis une fomme de 9802. fl.

X X X.

Qué le repondant continuant de mois en mois à attraper quelque
anticipation, le Receveur Rocquigni s'eft enfin laffé, lui refufant do-
renavant de faire quelques avances.

X X X I.

Que le répondant pour éluder les juftes méfures de ce Receveur
s'eft émancipé de lever la caiffe des fubalternes :

X X X I I.

Qu'il s'eft fait paier par celui de Maliues vers le mois de Decembre 1736. 1400. fl. par celui de tonlieu de Bruxelles 797. fl. 5. par
celui de fombref 81. fl. 6.

X X X I I I.

Que par fes conditions cependans, femblable pouvoir lui étoit denié, n'étant affigné que fur le Comptoir de Bruxelles pour fon Men-
fuel fufdit,

X X X I V.

Qe le répondant n'a prété fon fermeut pour cette direction génerale que le 10. Septembre 1735.

X X V.

Que dès le 28. Octobre 1735. en paiant les Droits, la fortié des
Chevaux vers la France a été permife, & même avant ce tems-là :

X X V I.

Qu'il figure donc mal qu'à caufe de cette deffence il auroit été obligé d'augmenter le nombre des gardes pour veiller fur la fortie frau-
duleufe,

X X X V I I.

On lui demandera combien même cette raifon auroit fubfiftée (que
non) s'il fe croioit affez autorizé à augmenter le nombre des gardes
au-delà de celui ufité fans permiffion expreffe du gouvernement.

X X X V I I I.

S'il dit qu'oui : on lui denié ce pouvoir, fur tout lors que par
la il entend charger Sa Majefté d'un excedent dé regie au dela fomme Arrêtée pour cet égard,

X X X I X.

S'il n'a pas donné des ordres à tous les Receveurs qui defendent
de porter les extraordinaires du Bureau, comme loüage des maifons,
feu, lumiere, réparations & autres femblables, depenfes, qu'au dernier mois de chaque année ?

X L.

Interrogé vers quel têms il a porté cet ordre.

X L I.

X L I.

Interrogé fi avant cet ordre il n'étoit point ufité de porter ces fraix, & de les defalquer du produit de leur recette pendant le mois qu'ils avoient été faits.

X L I I.

Qu'en les pratiquant felon fa nouvelle methode il y a fujet de confufion, & danger évident de tromperie & de perte pour les Receveurs ou pour Sa Majefté :

X L I I I.

Si le Receveur meurt, s'il eft deftitué ou fi la Regie ceffe, il y a toujours danger : car en des certains Bureaux, ces dépenfes peuvent exceder de beaucoup le net produit de ces derniers mois.

X L I V.

Et les Receveurs en demeuroient privés qui en auroient fait credit à ce Directeur, comme au cas préfent,

X L V.

Interrogé s'il n'a pas fait la même manigance à l'égard des interêts des avances faites à Sa Majefté qui font à fa charge, en ordonnant pareillement de les porter à la fin de l'année ?

X L V I.

Si quelques Receveurs ne s'en font point plains à fa charge ?

X L V I I.

Interrogé fi le Bureau de St. Philippe ne fait pas partie de fa Regie ?

X L V I I I.

Si par fon grand project préfenté à fa Majefté à Vienne pour verifier la neceffité des fraix de Régie à deux cent 40. mille florins par an ; il n'i a pas porté ceux de ce Bureau à 7869. fl. fix par an ?

X L I X.

Si du depuis il n'a point joint la même lifte à fa foumffion préfentée à Son Alteffe Sereniffime ?

L.

Si les fraix n'i ont point pareillements été tirés à cette fomme de 7869. fl. 6. pat année ?

L I.

Si fur fon grand Regître pour la *premiere demie année* échue le dernier Decembre 1735. il n'a pas tirée en dépenfe la moitié de cette fomme ?

L I I.

Si du depuis il n'a point tenté à diminuer cette charge & la reduire pour fix mois à 1250. fl.

L I I I.

Si enfiu par fes befoignez pofterieurs il n'a point taché à fecouer entierement tous ces fraix à 540. fl. près.

F

L I V.

L I V.

Demandera pourquoi il a cette variation contre son propre ouvrage ?

L V.

Et pourquoi il veut reconnoitre à sa charge 540. fl. par demi an
plutôt que le reste ?

L V I.

Lui sera representé qu'il à peu sincerement répondu sur l'Article
11. du précedent Interrogatoire, lors qu'il à nié, d'avoir de son autorité privée diminué les gages des Officiers, disant, que s'il y paroit
quelque difference qu'elle provient de l'interêt de leurs avances.

L V I I.

Dans le tems qu'il est veritable qu'il à reduit celui de Mons à
1000. fl. par an : qui l'étoit à 1200. fl. auparavant, lui deniant de
plus toute l'obligation d'interest attendu selon son langage, qu'il n'i
auroit aucun des Actes d'asseurance de S. A. S. qui porteroit clause
d'interest pour l'avance faite au gonvernement de 8000. fl.

L V I I I.

Pose encore que celui de Pomereuil a été reglé à 240. fl. au lieu
de 340. lui diminuant ainsi 100. par an.

L I X.

Celui d'Ath à 300. au lieu de 350. qu'il avoit.

L X.

Que le Receveur du Tolhuys Velthoven étoit à son avenement au
gage de 400. fl. & que dès le 10. Août 1735. il la reduit à 300.

L X I.

Qu'il a fait la même chose à l'égard de plusieurs autres.

L X I I.

Qu'ainsi il paroit qu'il à agi peu sincerement en deniant telle diminution exceder la difference des interêts de leurs respectives avances :

L X I I I.

Qu'il a hauflé les gages de quelques autres Receveurs qui étoient
ses mignons.

L X I V.

Qu'entr'autres il à hauflé les gages de celui de Quievrain de 340.
fl. qu'il étoit, à 420. fl. par an, lui donnant par ce moyen une
augmentation de 80. fl.

L X V.

Interrogé si avant la prestation de son serment en Finances, il ne
s'est pas mêlé de la direction générale des Droits d'entrée & sortie ?

L X V I.

S'il n'a pas écrit à quelques Receveurs dès le mois d'Août 1735.,
pour des Chevaux qui étoient passés en fraudes pour la France ?

L X V I I.

LXVII.

Demandera à qui il a écrit à ce sujet ?

LXVIII.

Si le 30. Août 1735. il n'a pas ordonné par lettres au Receveur de St. Vith bragard, de faire un accomodement pour 30. Chevaux Arrêtés, mais que 100. Ecus dont la lettre de bragard parloit étoient peu de chose, qu'il devoit negocier mieux :

LXIX.

Interrogé qui ces Chevaux regarderent ?

LXX.

Si c'est Jaques le Bourgeois dont il agré l'accord le 30. Novembre 1735. ?

LXXI.

Interrogé pour combien cet accord a été fait, & à qui son contenu a été paié ?

LXXII.

Interrogé on en sont renseignés les Droits & la part competente à Sa Majesté ?

LXXIII.

Re-interrogé sur le contenu de l'Article 163. de l'écrit des premieres charges ce qu'il entend par ses responsifs, en disant qu'il n'a fait aucune Ordonnance de diminution des Droits sur les Cuivres, soyeries, & fines Marchandises, mais qu'il auroit ordonné à ses Officiers de pratiquer ce qui s'étoit fait avant sa direction ; & si ces termes *avant sa direction* regardent le tems de ses deux Administrations ou Admodiations précedentes, ou seulement le tems de l'Administration du Conseil de Finances ?

LXXIV.

Disant que cela feroit relatif à la direction du Conseil seulement, lui sera demandé pourquoi il a écrit au Receveur de St. Vith, dez le mois d'Août 1735. qu'il pourroit diminuer la cinquiéme part comme il avoit ordonné du tems *de sa Regie anterieure* :

LXXV.

Interrogé s'il n'a pas écrit une lettre au Receveur Dierens d'Ostende l'avertissant qu'il avoit un paiément notable à faire à Bruxelles peu des jours après ?

LXXVI.

S'il n'a pas follicité ledit Dierens pour lui faire quelque remise considerable à ce sujet ?

LXXVII.

Si cette lettre n'est pas du 28. Septembre 1736. par laquelle il le Prie de lui faire une remise à vûe de 100. livres de gros, plus où moins, pour le commencement d'Octobre ensuivant ?

LXXVIII.

L X X X V I I I.

S'il n'a point envoié une lettre figné de fa main à l'ordre dudit Dierens en le priant inftanment de lui rendre ce fervice ?

L X X I X.

Si ledit Dierens par fon credit ou miniftere ne lui a pas fait faire promptement cette remife à Bruxelles & à quel jour ?

L X X X.

Si audit Dierens il a reftitué cette traite ou s'il l'a validé en compte ou autrement y fatisfait ?

L X X X I.

Interrogé s'il n'a pas ordonné audit Receveur de tirer pour cette lettre l'interêt de dix & demi pour cent, avec le change neceflaire ?

L X X X I I.

Pour combien de mois cette lettre à par Dierens été tirés fur lui, & combien de tems elle à courrue ? fi elle eft acquitée où point, fi le répondant n'a point enjoint au même tems au même Receveur Dierens, de tirer la portée de cette lettre avec l'interêt hors des deniers de fa recette.

L X X X I I I.

S'il n'a pas promis de reftituer cette traite avec les interêts y offerans dans trois mois après.

L X X X I V.

Interrogé en quel mois & à quel jour de l'an 1736. le même Dierens à abandonné fon Bureau d'Oftende, & quand il y a établi ledit Creskens à fa place ?

L X X X V.

S'il n'a pas donné ordre à ce dernier de ne pas permettre au Juge d'Oftende qu'il prit Inventaire du Bureau, & des effets par lui abandonnés lors de fa retraite clandeftine ?

L X X X V I.

S'il n'a pas mandé audit Creskens, en cas que le Juge fe préfenta à cet effet, de proteſter contre cette demarche.

L X X X V I I.

Et de foutenir fortement que pareille inventarization blefloit l'autorité de lui Directeur,

L X X X V I I I.

Si ledit Creskens n'a pas ponctuellement executé fes ordres à ce fujet, & lui donné avis qu'il avoit protefté contre le Juge lors qu'il s'étoit préfenté pour cela,

L X X X I X.

Lui fera repréfenté qu'il à répondu peu candidement fur le contenu de l'Article 93. du précedent écrit de charges en tant qu'il veut appliquer les 1848. fl. avancés par le Receveur de Navagne, comme

pris

pris du prétendu gage de son frere & de sa part de confiscation sans toucher à la caisse de Sa Majesté.

<h3 align="center">X C.</h3>

Veu que son frere n'avoit aucun gage assigné sur ce Bureau ; & que lui répondant n'étoit pas même en pouvoir de l'assigner la-dessus, tout maniment lui étant interdit , & que du chef de la prétendue part dans les confiscations , il n'avoit rien de bon.

<h3 align="center">X C I.</h3>

Qu'il devoit même bonifier audit Orban premiérement 987. fl. 11. autant que portoient quelques fraix avancez pour lui :

<h3 align="center">X C I I.</h3>

Qu'il devoit encore pour fraix des procedures paiés au Srs. 59. fl. 15. sols , sans encore autres fraix des procedures qui alloient environs 180. fl.

<h3 align="center">X C I I I.</h3>

S'il n'est pas vrai que le Receveur Orban de Navagne à porté par ses ordres en mises de ses comptes les 1848. fl. dependans du carrage en question , & que ceux de la Chambre des comptes lui l'ont royez.

<h3 align="center">X C I V.</h3>

S'il n'est pas vrai que le répondant lui-même à suggeré audit Orban lors qu'il étoit Arrêté à Bruxelles de se defendre , en excipant que les paiémens qu'on prétendit de rôier étant faits par ses ordres , le Conseil , ni la la chambre ne les put faire royer en compte.

<h3 align="center">X C V.</h3>

Qu'il a enjoint audit Orban de se pourvoir à cet effet au Conseil Privé de Sa Majesté.

<h3 align="center">X C V I.</h3>

S'il n'a pas de sa propre main minuté pour le dit Orban une Requête qu'il y fit présenter.

<h3 align="center">X C V I I.</h3>

Si ledit Orban n'est pas son parent & en quel degré ?

<h3 align="center">X C V I I I.</h3>

Si pour placer Orban au Bureau de Navagne en Août 1735. , il n'a pas destitué le Receveur Gutshoven Homme Léal , integre & fort solvent.

<h3 align="center">X C I X.</h3>

S'il n'a point reçû Ordre du Conseil des Finances , qui refusant son aggréation à l'accord fait avec Van Pruyssem , lui ordonne de poursuivre la confiscation des cottons recelés & Arrêtés.

<h3 align="center">C.</h3>

Demandera s'il à exécuté ces ordres & que sont devenus ces cottons ?

G

C I.

C I.

Si au contraire & bien éloigné de se conformer à l'Ordre des Finances il n'a pas vitement écrit à Anvers pour éluder cette Ordonnance.

C I I.

S'il n'a pas écrit à quelque affidé qu'il falloit en ce rencontre, & attendu le refus d'aggréation en Finances servir d'un expedient de prudence, pour engager Mr. le Juge d'Anvers à aggréer cet accord?

C I I I.

S'il n'a pas écrit au Receveur Van Doolen que n'étant rien à faire à ce sujet en Finances, il falloit user d'un expedient de prudence, en engageant Mr. le Juge d'Anvers à l'aggréer.

C I V.

Demandé si par l'Ordonnance du 19. Août 1683. il n'y a pas une route reglée du païs de Liege vers l'Allemagne?

C V.

Interrogé s'il n'a pas permis aux negocians de Verviers de changer la route vers le païs d'Allemagne en ordonnant aux Officiers des Buraux de sy conformer & nommement à celui de Navagne.

C V I.

Enquis en quel tems, pour quelle raison, & par qu'elle autorité il a porté cet changement.

C V I I.

S'il n'a pas donné à la plûpart des personnes de distinction des païs étrangers & nomement du païs de Liege, des permissions de passer & repasser librement de Liege en Brabant, à Luxembourg, & France & ailleurs & vicè versâ, sans pouvoir être visitées, en bagages ou équipages directement n'i indirectement.

C V I I I.

Enquis qui sout ces personnes de consideration aux qu'elles il à accordé semblable congé.

C I X.

S'il n'en à pas donné un au Comte de Glimes.

C X.

Si ce Comte n'est pas resident à Liege.

C X I.

Un autre au Comte d'Argenteau Dongelbergh.

C X I I.

Un pareil encore au Comte De Lassé François & retournant en son païs?

C X I I I.

Encore un autre au Comte de Quievrain, & où demeure ce Comte?

C I V.

C X I V.

Item un au Chevalier Detheux refidant au païs de Liege ;

C X V.

Interrogé fi femblables permiffions ne font pas refervées au pouvoir du gouvernement.

C X V I.

Et fi quand on l'accorde aux Ambaffadeurs Princes ou autres grands Seigneurs, ils ne font pas chargés de quelques précautions à prendre pour qu'il ne fe commit pas de fraude par la ?

C X V I I.

S'il n'eft pas vrai que les fucres Candifes blancs entrans dans ces pays font chargés de paier les Droits du brut ?

C X V I I I.

Interrogé s'il n'a pas pratique le contraire, en permettant à quelques Marchands d'en paier le Netto, & refufant à d'autres la même permiffion ?

C X I X.

S'il pas accordé au Marchand Saelden à Bruxelles la permiffion jufqu'à rappel de faire venir d'Hollande par le fort de S. Jean tels fucres Candis qu'il trouveroit bon de faire entrer en lui accordant 25. pour 100. de moderation en paiant feulement les Droits du Netto.

C X X.

Item s'il n'a pas accordé la même chofe, & même pour le fucré en pain à certain Nicolas Loire Negociant à St. Nicolas au pays de Waes :

C X X I.

Interrogé s'il n'a pas refufé à quelques negocians à Bruges, qui lui demandoient pareille douceur en leurs mandant qu'il n'y avoit point de tarre ou diminution fur autres fucres que ceux qui venoient directement des plantations.

C X X I I.

Demandé par quelle voie, où par qu'elle voiture il à fait tranf-porter à Liege une partie de fes peintures en gage pour 720. fl. dont il eft parlé dans l'Interrogatoire précedent.

C X X I I I.

Si ces peintures étoient de grande ou petite taille ?

C X X I V.

En combien des caiffes elles ont été pacquêtées & tranfportées vers Liege ?

C X X V.

Si ces peintures ont été declarées de fa part au Bureau de Bruxelles & à quelle valeur ?

C X X V.

C X X X V I.

Si les Droits de sortie en ont été paiés audit Bureau, ou quelque autre de Sa M.

C X X X V I I.

Si celui qui les à conduit étoit Muni d'un passavant, acquit de paiément, ou autre imprimé ou nombré à l'ordinaire?

C X X X V I I I.

Si depuis le prétendu mois de Janvier 1737. il n'a point envoié d'autres effets vers le pays de Liege par la diligence ou autrement?

C X X I X.

Si au commencement de Mars passé il n'a pas reçû à Bruxelles une Charette à deux Chevaux chargée d'avoine, & menée par son Censier du pays de Liege?

C X X X.

Demandé le nom de ce Censier & où il demeure?

C X X X I.

Si le lendemain de son arrivée à Bruxelles avec cette provision d'avoine, la même persone n'est pas sortie par la porte de Louvain pour s'en retourner à Voort, chargée de deux grandes caisses Clouées étans de la Hauteur de cinq & de quatre pied de largeur chacune?

C X X X I I.

S'il n'a point donné à ce fermier un billet tout écrit & signé de sa main, portant que ces deux caisses contenoient des postures de la manufacture de ces pays, & devoient librement être conduites au Château de Voort?

C X X X I I I.

Demandé si c'étoient effectivement des postures & de qu'elle représentation?

C X X X I V.

Où elles étoient faites, où il les avoit acquises, depuis quand, & à quel prix?

C X X X V.

Si c'est la seule fois que ce même Censier où Voiturer lui à ammené de l'avoine du pays de Liege depuis Janvier dernier?

C X X X V I.

S'il n'est pas vrais que la même persone qui à Voiturée lesdites caisses Clouées est retournée une seconde fois chargée d'avoine pour lui, & qu'il en est le lendemain retournée avec une autre grande caisse de Bois sous la qu'elle il y avoit une caisse en forme de pendule.

C X X X V I I.

Intertogé ce qu'il y avoit dans l'une & l'autre de ces deux caisses.

C X X X V I I I.

S'il nest pas pareillement, vrai que ce conducteur étoit encor garni
d'un

d'un ordre du repondant à le laisser librement repasser vers Liege ?

C X X X I X.

Si peu de jours avant son depart de Bruxelles le repondant n'a pas envoié par la diligence de Liege un grand pacquet ou ballot ? demandé ou ce pacquet se devoit delivrer & ce qu'il y étoit dans ce pacquet ?

C X L.

Si ce pacquet n'étoit point éncore accompagné d'un ordre de laisser librement passer.

C X L I.

Représenté qu'il n'a point dit la verité lors que par ses réponses précedentes il a insinué qu'il n'auroit envoié des peintures de son Cabinet, qu'au mois de Janvier dernier ou environs.

C X L I I.

Car on pose pour veritable qu'il avoit déjà fait transporter son Cabinet en toute ou la meilleure partie vers le pays de Liege en 1735. ou même plutôt, sans qu'il en ait été rapporté du depuis en ces Pays-bas.

C X L I I I.

Si le répondant depuis son avenement à la présente direction n'a point envoié plusieurs fois des grosses sommes d'or ou argent vers Liege ?

C X L I V.

La plûpart en barils de la grandéur d'une quartelette plus ou moins ?

C X L V.

Lui demandera combien des fois cela lui est arrivé depuis Août 1735.

C X L V I.

Et si lorsque cela fut fait lesdites espéces n'étoient point accompagnées d'un ordre figné de sa main, de les laisser librement passer ?

C X L V I I.

Si entr'autres vers la fin d'Octobre derniêr il n'a pas envoié un tonnelet de la grandeur d'une quartelette par le nommé Christophe Conducteur de la diligence de Liege Muni d'un ordre figné de sa main comme dessus ?

C X L V I I I.

Si ledit tonnelet n'étoit point à l'adresse du Sr. David Marchand à Liege ?

C X L I X.

S'il n'a point ordonné de lui renvoier les ordres, ou permissions succeffifs qu'il avoit données pour ces transports après que les especes étoient passées par les Bureaux de ces pays ?

H

C L.

C L.

Si le Receveur principal Jerôme à Tirlemont ne lui en à pas renvoié quelques unes ?

C L I.

Comme auſſi celui d'Orſmal par ſon canal ?

C L I I.

S'il n'eſt pas vrai que depuis ſa direction en 1735., il à accordé des permiſſions aux Marchands des Chevaux trafiquans ſur la Hollande, & d'en faire paſſer par ces pays en France, Francs & libres de tous Droits, à titre qu'ils étoient deſtinés pour des Seigneurs de remarque en ce Royaume ?

C L I I I.

Enquis des noms des Marchands ou Marquignons auxquels il à delivré ſemblables permiſſions de paſſage, entrée & ſortie du païs :

C L I V.

S'il n'eſt pas vrai qu'il à accordé tel congé à des conducteurs qui venans des Provinces unies prennoient leur route par Malines en France, en y inſerant expreſſement, que tels Chevaux étoient pour des Princes, où pour perſonnes de qualité relevée en ce même Roiaume,

C L V.

S'il n'a pas accordé pareille permiſſion au nommé Blochouſe Marchand à Liege, à paſſer ſans paier aucun Droit avec quarante Chevaux en France ?

C L V I.

Qu'il eſt effectivement paſſé ſans rien paier à aucun Bureau de Sa M. pour Droits d'entrée & ſortie :

C L V I I.

S'il n'a point ordonné à divers Receveurs Limitrophes à la France, de permettre l'entrée des Manufactures de ces pays à un moindre Droit, qu'il n'étoit reglé par les Tarif & Ordonnançes ?

C L V I I I.

Et nomement au Receveur Arts à Quievrain ?

C L I X.

S'il n'a pas permis l'entrée des Etoffes de Laine blanche à 3. pour 100. au lieu de 5. qu'elles étoient chargées ?

C L X.

S'il n'a pas baiſſé les Droits ſur les Eaux de St. Amand entrans en ces pays à trois de la Valeur au lieu de ſix ?

C L X I.

Demandé s'il ne doit rien aux Receveurs actuels & remerciés en reſte de leurs avances lui faites lors de ſes directions précedentes que ce qu'il à detaillé à S. A. S. per ſa Requête lui préſentée le 26. Mars dernier montant à 42772. fl.

C L X I I.

C L X I I.

S'il n'a pas levé le 5. Août 1732. de Pierre de Cock Receveur à St. Laurent, departement de Bruges pour lui servir de caution réele 300. fl. courants :

C L X I I I.

S'il n'est pas vrai qu'il ne lui à jamais paié jusques à présent aucun interest de ses avances ?

C L X I V.

Qu'il doit encore & le principal & tous les interêts échus ?

C L X V.

Interrogé s'il n'intimidoit point par soi, par ses Officiaux ou par d'autres affidés qu'il emploioit, plusieurs Receveurs qui n'étoient pas prêts à faire honneur aux avances qu'il requit d'eux, ou de faire à sa decharge promptement le paiément qu'il souhaitoit d'eux ?

C L X V I.

S'il ne boudoit point sur tels Receveurs semant un bruit parmi ses Officiaux qu'il congedieroit un tel de son emploi ?

C L X V I I.

Si particulierement il n'a pas témoigné vers Septembre ou Octobre 1735. du mecontement sur le Receveur Magis à Bruges, insinuant qu'il étoit resolu à le deporter de sa recette ?

C L X V I I I.

Si son Official du Paix de son sçû n'en à par adverti ce Magis ?

C L X I X.

En lui suggerant d'intelligence avec lui répondant, qu'il feroit bien pour lui calmer l'esprit & regagner ses graces d'avancer ou paier pour son compte, au Bancquier Nettines à Bruxelles par assignation 700. fl.

C L X X.

Si effectivement ledit Magis n'a pas acquité pour son compte audit Nettines la même somme de 700. fl.

C L X X I.

Que cela fait, il a declaré qu'il étoit content dudit Magis & que tout ce qu'on lui avoit inspiré contre ce Receveur n'étoient que des calomnies ?

C L X X I I.

S'il n'est pas vrai qu'il avoit auparavant ordonné au même Receveur de faire quelques réparations au Bureau qui montent selon l'avis en donné 466. fl.

C L X X I I I.

S'il n'est pas pareillement vrai, qu'avant la même avance faite à Nettines, il avoit fait compter à son Official du paix mil 50. fl.

C L X X I V.

C L X X I V.

Et pour compte de son frere Arnould 73. fl. 10. sols.

C L X X V.

S'il ne l'a pas fait païer encore trois piéces de Vin blanc lui envoiées de Bruges ?

C L X X V I.

Si en Septembre 1735. il n'avoit pas tiré sur le même Receveur à l'ordre de certain Michel une considerable somme qui a été acquitée prestement ?

C L X X V I I.

S'il n'a point tiré de plus vers le même tems en faveur du Sr. Strozzi 300. florins ?

C L X X V I I I.

S'il n'a point ordonné de paier à la decharge du Brigadier de Mazieres pour fraix de sa detention en prison par rapport au fameux Perroquet 118. fl. 18. sols.

C L X X I X.

De paier aussi les autres fraix, honoraires, & salaires des Avocat & Procureurs & des procedures menées à cette occasion pardevant le Juge de Bruges qui passent 400. fl.

C L X X X.

Que cependant il étoit bien informé que depuis Juillet 1735. jusques en Decembre 1736. sa part de confiscation n'alloit point à un quart de ces sommes :

C L X X X I.

Tellement qu'il a Epuisé ce Receveur au-dela de sa redevance de 3000. & quelques 100. fl. qu'il lui doit encore actuellement.

C L X X X I I.

Si peu de jours avant sa retraite de Bruxelles il n'a point taché d'engager divers Receveurs de lui faire quelque avance, promettant de leur en rendre fidelement compte avec interest ; si d'aucuns aiants reçus réponce qu'ils s'excusoient à prétexte de n'avoir rien en caisse, il n'en a pas été mécontent.

C L X X X I I I.

Et écrit vitement que, puisqu'ils ne pouvoient l'assister de secreter sa demande,

C L X X X I V.

Même de bruler ses lettres écrites à ce sujet, sans en parler à personne,

C L X X X V.

S'il n'a pas requis nomement le Receveur de Bruges de lui faire une avance assez considerable, qu'il lui en rendroit fidelement compte avec interêt, aussi bien que de ce qu'il lui devoit déja :

C L X X X V I.

C L X X X X V I.

Interrogé de combien étoit la somme qu'il exigeoit de lui ?

C L X X X X V I I.

Si elle n'étoit pas de 420. fl.

C L X X X X V I I I.

Et que ce fut le 19. ou 20. de Mars 1737. qu'il lui fit cette requisition.

C L X X X X I X.

Interrogé si effectivement ce Receveur de Bruges y a satisfait ?

C X C.

S'il en reçût réponce , & quelle elle étoit à ce sujet ?

C X C I.

Interrogé ce qu'il à repliqué au même Receveur sur son excuse ,

C X C I I.

Si par une lettre posterieure il n'a pas Prié le même Receveur de lui renvoier sa premiere lettre ou bien de la dechiret ?

C X C I I I.

Interrogé pourquoi il à précisement demandé 420. fl.

C X C I V.

Interrogé pourquoi il a fait la priere de dechirer les lettres.

C X C V.

Demandé s'il n'est pas vrai , que tout à coup au commencement de Fevrier dernier il a mis plusieurs Brigadiers en campagne pour aller incessamment amasser , & lever de presque tous les Bureaux les acquits à caution ,

C X C V I.

Que cependant il n'a pas fait faire les même devoirs par tout son departement quoiqu'il y en avoient lors plusieurs autres qui ne les avoient point encore portés au Bureau géneral de sa direction.

C X C V I I.

Interrogé pourquoi les faire lever plutôt de quelques que de tous les Bureaux , si tant est qu'ils étoient en égale negligence & s'il n'en à pour lors dispensé les Receveurs principaux qui étoient à sa devotion & sur lesquels il se fioit entiérement.

C X C V I I I.

Que des Receveurs allarmés sur ce bruit lui écriverent peu de tems après d'être extrement embarassés que le Conseil de Finances ne leur en demanda renseignement ,

C X C I X.

Interrogé ce qu'il repondit aux Receveurs qui lui avoient écrits sur cette allarme,

C C.

S'il n'a point répondu à quelques affidés Receveurs qu'ils ne de-

I

voient

voient point s'allarmet, qu'ils n'avoient qu'à feindre de les avoir déjà
remis à lui, comme Directeur.

C C I.

Quoique cela ne fut pas veritable mais forgé pour amufer & levrer
ledit Confeil des Finances.

C G I I.

Interrogé fi entr'autres il n'a point écrit ces chofes au Receveur
de Bruges, lui fuggerant cet expedient contre la verité du fait,

C C I I I.

Qu'aiant été fait dans le departement de Bruges un Arrêt fur quelques mille livres de loques, il y ont été confifquées par Sentence.

C C I V.

S'il n'eft pas vrai qu'il les à fait transporter à Bruxelles où il les
à fait livrer au Manufacturier Bauwens le 4. Octobre 1735. à raifon
de cinq fl. 10. fols du cent péfant?

C C V.

Interrogé s'il n'y avoit point 5140. livres & dont il à reçû 280.
florins.

C C V I.

Interrogé s'il n'eft pas vrai nonobftant qu'il en fut paié dés long
tems, il n'a jamais bonifié ni remis au Bureau les Droits ni la part
y appartenante à S. M.

C C V I I.

S'il n'eft pas veritable qu'au lieu de baiffer les Droits fur la fortie
du Colfaet, ainfi qu'il foutient lui avoir été permis, il s'eft fervi d'un
expedient oblique en permettant de paier deux Laft pour trois que
l'on en fit fortir?

C C V I I I.

Interrogé s'il n'a pas permis à aucuns de faire entrer en ces pays
des Vins venans d'Aix la Chapelle contre le prefcrit des Ordonnances.

C C I X.

S'il n'a pas permis l'entrée en bouteilles en grande & petite quantité au Sr. de Stracten Receveur de Limbourg?

C C X.

S'il n'a pas fait la même chofe à l'égard du Prevôt de Baftogne,

C C X I.

Repréfenté qu'il à répondu dans l'Interrogatoire précedent contre
la verité du fait, en niant d'avoir jamais ordonné à quelque Receveur
d'employer pour le paiément des carrages les deniers de fa caiffe, mais
d'avoir toujours emploié fes propres deniers & ceux dont il avoit le
maniment, ou bien fa part dans les confifcations.

C C X I I.

Demandé s'il y perfifte?

C C X I I I.

C C X I I I.

Interrogé s'il n'a pas écrit des lettres pleines d'aigreur aux Receveurs qu'il apprit de s'excuser de fournir hors de la caisse les argents necessaires pour satisfaire au carrage à prétexte de n'être point en état de trouver de l'argent à cet effet,

C C X I V.

S'il n'a pas écrit au mois de Novembre 1736. une lettre bien forte au Receveur principal d'Anvers, lui mandant que son Controlleur Vignette venoit de lui parler touchant quelques carrages qu'il refuseroit de faite à prétexte qu'il ne seroit en état de trouver de l'argent.

C C X V.

Et que la-dessus attendu que la valeur étoit manifestement fraudée, il lui enjoint d'avoir soin de fournir l'argent necessaire hors de sa caisse à ce sujet.

C C X V I.

Lui ordonnant de plus s'il n'est pas fourni d'en demander de la caisse du Sr. Bouhoul Receveur subalterne à Anvers.

C C X V I I.

Interrogé quel carrage regardoit cet ordre ?

C C X V I I I.

S'il n'est pas pareillement vrai que dés le mois d'Octobre 1735. il a encore donné des permissions pour laisser sortir des Chevaux en paiant seulement les Droits ?

C C X I X.

S'il n'a pas ordonné cette permission à Jean Pannebourg pour vingt Chevaux de Carosse ?

C C X X.

S'il n'est pas vrai que lui répondant à fait sortir des Chevaux au pays de Liege sans les avoir fait declarer à aucun Bureau de Sa Majesté ?

C C X X I.

S'il n'a pas fait conduire de Bruxelles à Voort à l'addresse l'Abbé Beauslaert par le nommé Chalon Brigadier deux Chevaux gris.

C C X X I I.

Interrogé à quel Bureau la declaration en a été faite, & ou en ont été paiés les Droits de sortie ?

Parmi quoi &c.

Etoit Signé J. G. DE POTTER.

AMPLIATION DE REPONSE,

Sur le premier & fecond Interrogatoire

PREMIERE PARTIE CONTENANTE.

I.
Le parallele d'une année à l'autre.

I I.
La difcuffion fur l'article troifiéme de la commiffion.

I I I.
Ce qui concerne le Receveur d'Oftende.

I V.
Le prétendu maniment des deniers.

V.
Touchant les Infpecteur & le Receveur Orban.

V I.
Les Quarages.

V I I.
La fortie des Chevaux, avoines &c.

V I I I.
Le prêt d'argent & les pertes de l'Arrêté.

I X.
Quelques Tranfits.

X.
Le dernier voiage de l'Arrêté à Vienne.

X I.
Les Locques Arrêtées à Bruges.

REPONSE ULTERIEURE

Sur le parallele, établi de l'année qui a été dirigée par le Conseil des Finances avec celle dirigée par l'Arrêté.

Sur le premier Interrogatoire depuis l'Article 14. jusques au 33. inclus.

QUi ne croiroit par la maniere avec laquelle on propose le parallele de ces deux années, qu'il doit être des revenus des Droits d'entrée aux Païs-bas, comme il en est des Cens annuels, qui ne changent jamais de produit? c'est avec cette methode ordinaire aux adverses de l'Arrêté, qu'ils sont accoutumés de produire ce qu'ils avancent contre sa conduite, sans se soucier ni vouloir faire attention, si leur allegué est appuié de la verité ou de la vrai semblance.

Il n'est cependant rien de plus bizare, que la recepte des Droits d'entrée, & par l'experience que l'Arrêté en a eû pendant dix-huit ans, il a trouvé que pendant ce terme il n'en est aucune qui ait donné le même produit, & delà il conjecture, que l'on ne trouvera pas peut-être deux années en cinquante, qui soient d'un égale raport.

L'on établit les provenus & la depense de l'année 1734. à 1735. qui fut dirigée par le Conseil des Finances en la maniere suivante sçavoir:

Que le produit a été de - - - - -	f. 1713740.
La depense compris les Controleurs - - -	216724.
Ensorte qu'il y auroit eu une utile de - -	f. 1497016.

L'on dit ensuite, que l'année de 1735. à 1736. dirigée par l'Arrêté n'auroit produit que la somme de - - | f. 1654717.

Et que la dépense auroit été de - - - -	258921.
Et que l'utile ne seroit que de - - - -	f. 1395796.

Ensorte qué celle des Finances auroit donné plus de nette que la suivante la somme de | f. 101220.

K

Laquelle

Laquelle difference proviendroit du plus de la dépense de *f.* 42197.
& du moins de produit de   -   -   -   -   -   *f.* 59023.

> NB. { Que l'Arrêté ne convient cependant pas de toutes ces fom-
> { mes & qu'il s'en raporte aux comptes qui font à rendre
> { à la Chambre.

L'on tire enfuite la confequence fans le moindte fcrupule, que Sa
Majefté à donc perdu cette fomme & l'on y eft fondé, fi les provenus de chaque année doivent être égaux, comme il femble qu'on
veut l'infinuer.

Mais fi ces provenus ne font jamais de pareil raport; quel fentiment
portera-t'on de cet argument, qui ne fera plus qu'un fophifme?

Si enfuite l'on pouffe ces recherches plus avant & que l'on refle-
chiffe, que l'année de 1734. à 1735. à cû la meilleure & la plus
complette vendange, ce qui donne le plus clair revenu : qu'elle à
profité de toute la traite, que les François ont fait des Marchandifes,
qui leurs étoient neceffaires pour la nouvelle guerre qu'ils venoient
d'entreprendre : que l'on à hauffé fon produit par une traite confiderable de Sel, que l'on a permife, comme par la confiderable fortie des
lins crus, que l'on a accordée.

Si enfin l'on fait attention, que dans la dépenfe de l'année fuivante, on ne devroit pas, fi l'on veut établir un jufte parallele, y
comprendre les trente mille florins, lefquels ont été accordé au Directeur pour tout autre fujet.

On devra refter extremement fur pris, que cette année de la direction
des Finances ait donné un fi petit rapport étant dirigée par un Confeil, qui felon qu'on le doit fuppofer aura employé toute fa fcience,
fon autorité & la puiffance pour s'en faire honneur.

Dans le tems au contraire, que lors que l'on eft entré dans la direction de l'année fuivante, l'on à dabord trouvé tout ce fervice dans
un affreux defordre fans fubordination & ou chacun s'erigeoit en
maître.

Loin d'avoir l'autorité de diminuer les Droits fur le Sel, ni permettre la fortie dés lins, comme venoit de le faire le Confeil des Finances, l'Arrêté n'a pas eu feulement la faculté de profiter des avantages
que le gouvernement lui avoit accordé par rapport au lin, parce que
                                                                    l'on

l'on à fait émaner differentes Ordonnances contraires & contre le dif-
positive de la commiſſion de l'Arrêté, les quelles en ont ſappé tout
le fruit qu'il en eſperoit.

L'Arrêté n'a pû auſſi profiter du paſſage ou tranſit des Grains de
la France, qui autrefois ont donné juſqu'à 150. mille par an, parce
que la guerre à occaſioné, que cette Courone en a defendu la ſortie
ce quicependant étoit l'un des 5. points que l'on a reclamé.

Il n'a pû de même profiter, que d'une partie du tranſit, qu'on
lui avoit accordé, & les oppoſitions continuelles du Conſeil des Finances ont empêché, qu'il n'ait eû lieu par Oſtende & Bruges ſur Malines.

Et loin d'avoir encore la liberté de faire à ſon gré ce qu'il auroit
trouvé à propos pour la melioration de ce ſervice, au moins de la
même maniere que le Conſeil l'avoit pratiqué, l'on à au contraire été
traverſé à chaque moment, & l'on a mis tous moyens en œuvre,
pour empêcher que cette direction ne ſe mit en valeur.

On croira dabord que l'on fait cette avance avec temerité, mais
un peu de patience éclaircira cette verité.

Outre que l'on at à ſe plaindre en géneral, que cette direction
n'a reçû la moindre aiſance de la part du Conſeil des Finances, &
qu'elle at au contraire été traverſée en toutes choſes, ce qu'il ſeroit
trop ennui eux de detailler, on recapitulera ſeulement ici, que loin,
que ce Conſeil, ſelon ſon ſimple devoir, auroit aſſiſté cette direction, il ne lui à pas ſeulement prêté, ce qu'il étoit d'obligation de
faire.

Les Articles 5. & 7. de la commiſſion de l'Arrêté qui ſe trouvent
tranſcrit au bas de cette réponſe, feront une preuve complette de
l'avancé que l'on vient de faire.

L'Arrêté poſe en fait que pendant le terme d'une année il a produit au Conſeil plus de ſoixante repréſentations toutes de la derniere
conſequence & toujours tendantes au redreſſement du ſervice, ſans
que l'on ait voulu en faire aucune expedition malgré les ordres poſitifs
du Gouvernement leſquels étoient clairement deduits à l'Article 5. de
la commiſſion de l'Arrêté.

C'eſt ſans doute encore par les mêmes vûes que juſqu'à préſent l'on
n'a

n'a pû obtenir la nouvelle inftruction & reglement pour *les* Judicatures, quoi qu'il foit ordonné par l'Article 7. de la même commiffion : & ceci avec cette circonftance plus aggravante, que ce reglement a été minuté, difcuté & aggrée par le même Confeil, fans cependant qu'il ait voulu le faire exécuter.

La chetive vendenge de la même année eft enfuite furvenue, & lui a donné le plus grand échec, en forte qu'il paroiffoit que cette direction avoit à combattre dans le même téms & contre le Ciel & contre la terre.

Il a donc été très à propos, que l'Arrêté ait fçû prendre quelque avantage par lui même par le moien de certains tranfits, qui lui étoient Octroyez par fa commiffion, puis que fans cette aifance, les provenus de l'année de la direction auroient encore baiffé confiderablement d'avantage.

Il convient encore d'ajouter à ces infortunes, que la conduite du Confeil des Finances à l'égard de l'Arrêté à concouru extremement à faire baiffer les produits de ces Droits.

Car il n'a occupé tout le tems de vingt un mois écoulés depuis le Juillet 1735. jufqu'à l'Auril 1737. qu'à critiquer la conduite de l'Arrêté, tantôt en ordonnant au Fifcal des Finances d'agir à fa charge comme il l'a fait inutilement pendant plufieurs mois, en écrivant aux Receveurs & Controleurs l'une & l'autre chofe tendante toujours à diminuer une autorité, qui étoit neceffaire à l'Arrêté pour la bonne direction des Droits qui lui étoient confiés, tantôt en dreffant des confultes remplies de fauffetés & de calomnies, où l'on deduifoit que l'Arrêté auroit tiré dans fes coffres un jour 62. mille fl. l'autre 53. mille fl. & enfin par d'autres 80. mille fl. fans faire attention que des fommes fi differentes mettoient en évidence & leur peu d'habjlité, & leur trop de paffion.

Enfin l'on peut dire avec verité, que pour proteger cette direction ce Confeil n'a pas eû le tems, ou plutôt n'a pas voulu fe conformer aux Articles de la commiffion de l'Arrêté, non plus que donner le tapis à fes repréfentations.

De forte qu'il doit être étonnant, que l'année de 1735. à 1736. ait donné autant de produit.

Etonnant que la précedente n'en ait pas donné beaucoup d'avantage.

Et plus étonnant encore, que l'on ait ofé inconfiderément établir un parallele de cette nature.

Etant au fur plus calomnieufement avancé, que l'Arrêté ait fait aucune demarche à l'effect de cacher fa conduite, puis qu'il à pratiqué le tout en public, & qu'il a auffi delivré, à qui il appartenoit toutes les connoiffances auxquelles il étoit tenu.

T O U.

TOUCHANT

Le contenu de l'Article troiſiéme de la commiſſion du Directeur, & le crime, qu'on lui fait, de ce qu'il auroit reçû quelque argent de l'un ou l'autre Receveur.

Sur le premier Interrogatoire depuis l'Article 34. *juſqu'à* 48. *inclus.*

SI la paſſion, qui aveugle ceux, qui attaquent la conduite du Directeur des Droits, leur avoit laiſſé aſſez de liberté pour examiner *animo ſedente*, les termes & la force des expreſſions de l'Article troiſiéme de la commiſſion du Directeur, l'on croit, qu'ils ſe ſeroient diſpenſé d'accumuler tant d'Articles pour prouver, qu'il avoit touché quelque argent de ſes Receveurs, & qu'ils ſe ſeroient, ce ſemble, gardé de le taxer de crime.

L'on reproduit cet Article, afin que le Juge *Nobili Officio*, faſſe ce que ces accuſateurs ont negligé de faire.

Article troiſiéme de la Commiſſion du Directeur.

„ Que conformement au 65. Article de la Patente de Regie de
„ l'an 1732. le Directeur ne pourra recevoir directement, ni indirec-
„ tement aucun denier, ni autre choſe quelconque de ceux qu'il
„ nommera aux commiſſions de Collecteurs, Receveurs, Commis,
„ Viſitateurs, Gardes & autres Officiers, ni en choiſir d'autres que
„ d'integrité, bonne conduite & bonne vie : & que leſdits Officiers
„ ne pourront auſſi donner ni promettre aucun denier ni autre choſe
„ quelconque à qui que ce ſoit directement ni indirectement *pour ſe*
„ *procurer leſdites Commiſſions &ᶜ.*

Ceux qui connoiſſent les regles de la Grammaire conviendront dabord, que dans cet Article il ſe trouve une relation d'obligation entre le Directeur & ſes Officiers, de maniere qu'il eſt defendu au premier d'exiger & aux ſeconds de donner la moindre choſe pour de-

I.

livrer

livrer ou recevoir une commiſſion d'employé, ſans que cet Article ·s'extende à autre choſe.

Et cela étant ſi palpable, qu'il ne doit pas être expliqué d'avantage, l'on devra être très ſurpris de ce que ſous l'apuis de cet Article l'on vienne faire une querele borgne à l'Arrêté.

Quoi que le ſens propre & naturel de cet Article ſe manifeſte aſſez de ſoi-même & ſans qu'il ſeroit beſoin d'une ulterieure explication, on ne laiſſera cependant pas d'ajouter, qu'il s'y trouve deux circonſtances, qui denottent ouvertement l'eſprit & la ſignification prope que l'on à voulu donner à cet Article.

Sçavoir la relation que l'on y fait, de cet Article troiſiéme à celui de la Patente de Regie de l'an 1732. en ſe ſervant des mêmes termes dans l'un comme dans l'autre.

Et le pouvoir & la faculté, que l'Adminiſtrateur de ce tems avoit de faire avec ſes Officiers telle negotiation, qu'il trouvoit à propos, moyennant que pour leur delivrer leur commiſſions il n'exigeat pas d'iceux telle ou telle ſomme, & qu'il n'en fit dependre le delivrement de ce payément.

Outre que l'Arrêté poſe en fait veritable, & qu'il oſe defier, que l'on puiſſe l'acculer avec verité, qu'il à contre venu à ces Articles ni du tems de ſon Admodiation, ni du tems de ſa direction, il eſt notoire & perſonne n'en pourra diſconvenir, que lors de ſa Regie de l'an 1732. il a pû donner recevoir de l'argent des Receveurs pour affaires particulieres entre eux, prendre d'iceux de l'argent à interêt, faire enfin avec eux telle autre negotiation qu'il auroit trouvé convenable, moiennant qu'à prétexte de leur donner leur commiſſion, il ne leur impoſa pas *ad iſtum effectum*, un tel ou tel payément à titre de préſent, car c'eſt-là poſitivement le ſens de l'Article, & l'on ne croit pas qu'il ſe trouvera perſonne de bon ſens, qui veuille en pouſſer l'eſprit & la ſignification propre à quelque choſe de plus.

Si donc l'accuſé avoit cette faculté du tems de ſa Regie précedente, pourquoi voudra-t'on préſentement la lui reſtraindre, dans le tems que la Loi n'eſt pas changée & ſur tout lors que cela ſe fait abſtractivement de la caiſſe de Sa Majeſté.

Ce ne pourra donc être, que par une eſprit de pure critique & mal
entendu

entendu que l'on voudra charger préfentement le Directeur fur ce fujet ; & il n'eſt perſonne qui ne voye, que ce ſera à tord auſſi long-tems, que l'on ne pourra prouver, qu'à l'effect de ſe procurer quelque commiſſion les Officiers ont été obligé de faire tel ou tel payément.

La partie adverſe de l'Arrêté à très ouvertement reconnu elle même ce principe par les queſtions capticufes qu'elle à deduit en pluſieurs Articles, qui touchent le Receveur Magis de Bruges leſquels on a denié.

C'eſt pourquoi, & parce que l'Arrêté oſe defier que l'on puiſſe jamais faire la moindre preuve qu'il ait contre venu à l'Article cité, il n'heſite pas de dire que c'eſt bien mal à propos & calomnieuſement, que l'on vient préfentement l'inquieter fur ce lujet, & lui imputer à crime, une choſe où il ne s'en trouve aucun.

Au fur plus il eſt à remarquer, que peut-être tout à deſſein l'on à confondu le tems de l'Amodiation de l'an 1732., avec celui de la direction de l'an 1735. afin de pouvoir tirer une conſequence chimerique au ſens de l'Article troiſiéme de la commiſſion du Directeur, qui lui defend d'augmenter les avances des Receveurs, au lieu que que l'Article 65. de la Patente de 1732. permettoit à l'Admodiateur de prendre caution de ſes Receveurs, ce qu'il à fait à la plûpart en deniers comptans & d'où provient la ſomme de *f.* 42772. citée à l'Article 41. ce qui n'a en rien concerné la Direction des Droits.

TOUCHANT

Le Receveur Dierens d'Oftende.

Sur le premier Interrogatoire depuis l'Article 49. jufqu'au
64. inclus.

QUoique l'on eftime d'avoir fuffifanment répondu en deniant le contenu de ces Articles, puis qu'ils font controuvéz, calomnieux & dreffez à deffein de Nuire au Directeur des Droits, l'on croit cependant devoir y ajouter le fuivant.

Que tout ce fyftéme a été inventé à plaifir, afin de faire accroire, que l'Arrêté fe feroit fervi de l'argent, qui fe trouvoit dans la caiffe du Receveur Dierens appartenant à Sa Majefté ; en quoi on a eû l'envie de conftituer le premier crime.

Et que n'aiant pas reftitué l'argent en tems, & après même, que Dierens doit prétenduemenr l'avoir repeté ; le Directeur auroit été la caufe de fa banqueroute ; à quoi le fecond crime, que l'on avoit deffiné de lui imputer, devoit être attaché.

Le Syftéme en eft beau ; & l'on remarque qu'il eft tourné avec tel Art, qu'il femble, que fon Auteur s'en eft d'avance applaudi lui-même en affectant de câcher en quel tems, une fomme de fept mille florins pour fervir de caution a été paiée : l'on dit enfuite, que Dierens a repeté cette fomme ; car c'eft bien la même chofe, lors que l'on avance, qu'il a demandé du fecours ; & l'on conclut hardimenr, que par la faute d'icelui rembourfement l'Arrêté à donné matiere à la banqueroute.

Mais qui ne verra que la paffion à aveuglé l'Auteur de cette foutenue ? *in fælix aftutia dormientes teftes adhibes*, on ne peut vraiément la caracterifer, que de penfée endormie.

Car l'antecedent eft auffi faux, que la confequence que l'on en tire, & fon Auteur ne pourra paffer, que pour fourbe, ainfi long-rems, qu'il ne montrera pas, d'où il à pris ces connoiffances.

Le fait veritable au contraire eft, que le Directeur des Droits n'a

jamais

jamais reçû un denier du Receveur Dierens , ni pour lui fervir de caution , ni d'aucune autre maniere.

Que le même Dierens aiant été conftitué Receveur des Droits à Oftende à la fin du mois de Decembre 1731. ? fon beau Pere nommé Bernaige Braffeur de profeffion à Gand , ne voulant pas fe fier à fon gendre , à configné dans les mains de l'Arrêté une fomme de fept mille florins pour fervir de caution pour la recepte , que l'on venoit de lui conferer.

Laquelle caution le même Dierens à commencé d'efcorner pas fon compte du mois d'Octobre 1733. par lequel il eft redevable envers l'Arrêté d'une fomme d'environ cinq cent florins.

Et laquelle caution foit en tout , foit en partie , il n'étoit pas permis à l'Arrêté de reftituer à Dierens , fans courir le rifque de la devoir payer une feconde fois à celui de qui il la tenoit.

A quoi viendra donc en fait la prétendue demande de fecours , que Dierens doit avoir fait ? fur quoi ce Receveur pouvoit il la fonder ?

Pourquoi le Directeur auroit il prétenduement recelé cette caution ? pourquoi en auroit il traîné cette queftion de Droit de fi belle invention ? quel avantage en pouvoit il retirer ?

Enfin qui ne verra , que tout ce fyftéme n'eft qu'une pure illufion , qui à flaté l'efprit de fon Auteur , & qui a verifié en lui l'ancien proverbe , *quod mentiatur iniquitas fibi.*

Et pour une preuve complette de cette replique on n'aura de plus , qu'à fe referer à l'action , que Bernaige a dicté à l'Arrêté fur cette même matiere au Grand Confeil.

Il reftera donc faux & calomnieux , que l'Arrêté fe foit fervi de voye illicite : qu'il ait fait aucune traite fur les derniers de S. M. que Dierens avoit en mains : que l'Arrêté ait reçû , repondu ou fait répondre en Janvier 1736. puis que lors il étoit à Vienne : qu'il ait été la caufe de la faillite de Dierens ; non plus que donné matiere à tout ce faux raifonnement que l'on fait fuivre.

M   TOUCHANT

TOUCHANT

Le prétendu maniment que l'Arrêté se seroit arrogé, des deniers de Sa Majesté.

Sur le premier Interrogatoire depuis l'Article 65. jusqu'à 85. inclus. Sur le second depuis l'Article premier jusqu'à 33.

L'On a denié le contenu de ces Articles, parce qu'ils sont faux ou dans la totalité, ou dans une partie d'iceux il y paroit, que l'on à entortillé tout à dessein la matiere, afin que du sophisme, que l'on a établit l'on put tirer la consequence, *que contre le dispositif de sa commission le Directeur avoit manié les deniers de S. M.* c'est à quoi aboutit le contenu de tous ces Articles.

L'Arrêté se flate, que l'on ne poussera pas l'aveuglement si loin, que de denier, qu'il puisse rembourser par lui-même tel ou tel Officier.

C'est sur cela, qu'il à fait rembourser de ses propres deniers le Receveur de Bihain nommé Laiskin, parce qu'il ne pouvoit plus souffrir ses impertinences, en attendant qu'il trouvât quelque autre qui fît le remboursement de cette avance à l'Arrêté.

Il demontre par la piece qu'il fera suivre, N°. 1°. que ce remboursement a été fait des deniers du deuxiéme tiers des confiscations appartenants à l'Arrêté & qu'ainsi c'est une pure calomnie, que l'on avance à sa charge, que de le taxer, d'avoir fait ce remboursement avec les deniers de S. M., de les avoir en cela manié & qu'il ait contre venu à l'Article de sa commission.

C'est le même fait à l'égard du Receveur de Tournai nommé Lackman, que l'Arrêté avoit trouvé n'être point suffisant pour le maniment de cette recepte.

L'Arrêté étoit dabord convenu avec lui, que puis qu'il n'étoit capable de la recette, on l'établiroit cependant én qualité de Controlleur, qu'il arrêteroit son descompte avec le nommé Bouillez, lequel

on

on avoit deftiné pour le remplacer, & que ce feroit pour le compte de ce dernier, que l'Arrêté fourniroit les quatre mille florins pour le remboursement de l'avance.

Le Receveur Lackman dreffât fon compte en cette conformité avec Bouillez, & pour mettre la derniere main à cette negotiation l'Arrêté remit à Bouillez deux affignations chacune de deux mille florins payables par le Receveur de Bruxelles & cela fe fit en Novembre 1735. avant que l'Arrêté partiroit pour Vienne: en forte que du premis il refte déjà évident, que ce remboursement n'a pas été fait avec les deniers de S. M.

Cependant il eft enfuite arrivé, après que l'Arrêté étoit déjà parti pour Vienne, que Lackman changeant de fentiment & incité à ce qu'il a dit lui-même par un des Membres des Finances, a voulu aller faire fon compte à la Chambre, & le dreffer de la même maniere, comme s'il fortoit de fon propre mouvement de cette recette, & qu'il fe fût remboursé de fes avances par fes propres mains.

Mais ces circonftances n'ont pas changé la nature des payémens que l'Arrêté avoit faits, & la feule difference qui s'y eft rencontrée, fut que le nouveau Receveur Bouillez au lieu de recevoir de Lackman les lettres d'affeurance de fes avances, comme il l'auroit dû faire, a dû au contraire les recevoir du Préfident de la Chambre, entre les mains du quel il a échangé les obligations, que l'Arrêté lui avoit delivré & qui étoient acquitées, contre les prédites lettres d'affeurance.

Toutes ces circonftances verifient fuffifanment, que l'Arrêté n'a pas difpofé en maître & à fon bon plaifir des deniers de Sa Majefté: & que c'eft bien mal-à-propos, que l'on vient fourer dans ces Articles tant ce qui touche les gages des Officiers des Droits que ce que l'Arrêté a reçû du Receveur de Bruxelles du chef de fon appointement, puis qu'il avoit le Droit de manier ces derniers.

C'eft encore avec plus de malice, ou avec moins de connoiffance, que l'on y entaffe toutes les fommes qui font detaillées ès Articles 72. 73. 74. 75. 76. 77. & 78. puis qu'il eft connu, que ces fommes proviennent du deuziéme tiers des confifcations, que l'on n'ignore pas apartenir à l'Arrêté, & les quelles n'ont rien de commun avec les deniers du Roi, fans que de ce chef l'Arrêté puiffe être foupçonné ni taxé avoir manié les deniers de S. M.

Si donc le detail précedent prouve, que l'on à cumulé & additioné
enfemble

enſemble des ſommes, qui ne doivent pas l'être; parce qu'elles ſont de differentes nature : quel uſage pourra-t'on faire du contenu des Articles 79. 80. & 81. ?

Et ſi les Articles précedents donnent une matiere ſuffiſante à l'Arrêté pour crier à la calomnie, que ne devra-t'il pas faire pour les Articles ſuivants !

Tous les comptes, que l'on y produit; la prétendue dette, qui y avancée; le payément qui doit avoir été fait pour la diminuer; la redevance ulterieure, tous ces faits ſont faux & entiérement controuvés

Mais le fait veritable eſt, que vers le mois de Juillet 1736. le Conſeil des Finances a dreſſé un eſpéce de Bylan, lequel il a rejoint à la conſulte qu'il en fit au Gouvernement, & par lequel il avançoit avec trop de précipitation, que l'Arrêté auroit mis dans ſes coffres, une ſomme de ſoixante deux mille florins & plus, provenante des deniers appartenants a Sa Majeſté.

Ce Bylan fut communiqué à l'Arrêté : il y répondit dans le tems, & le demontra fautif au moins pour toute la ſomme qui excederoit celle de 27. mille : pas, qu'il confeſſa d'avoir diverti pareille ſomme; comme il paroit, que l'on tache de l'inſinuer dans l'un de ces Articles, mais parce qu'il n'étoit pas en état de faire une preuve plus ample, avant que l'on n'eut rendu les comptes à la Chambre.

C'eſt par de pareils Bylans que l'on reconnoit & la grande habilité de pluſieurs membres de ce Conſeil, & l'étendue de leur paſſion.

Ce Conſeil des Finances s'étant enſuite aperçû que la faute, qu'il avoit commiſe, étoit trop groſſiere, a dreſſé quelques mois après une ſeconde Conſulte, par laquelle il n'a établit la prétendue dette de l'Arrêté, qu'à la ſomme de 53. mille, point que l'Arrêté auroit fait aucun payément à compte, comme on le ſuppoſe, mais parce que ce Conſeil a commencé à corriger ſa premiere faute, ce qui étant étoit d'autant plus eſtimable, qu'il lui eſt très extraordinaire.

Ce ſecond beſoigné fût encore communiqué à l'Arrêté : & par la réponſe qu'il y a fait, il y a detaillé des nouvelles fautes pour plus de 40. mille.

Ce ne fut que pour lors, que ce Conſeil prit le parti de faire en ſorte près du Gouvernement, que doreſnavant l'on ne communique-

roit

roit plus à l'Arrêté les besoignés, puis que cela étoit contre son autorité & ce fut dez lors, qu'il commença d'agir ouvertemeut par pure voye d'inquisition.

C'est de cette source enfin, qu'est sortie cette belle, fastueuse & derniere consulte, fabriquée pendant les Fêtes du Noel 1736. communiquée en Janvier 1737. aux Seigneurs Chef Président & Conseiller De Steenhaut, comme arbitres assumés sur la matiere, par les quels Ministres elle a été rejettée, dans laquelle on a avancé cent calomnies contre l'Arrêté, ou on l'a fait redevable de 80. mille florins & par laquelle on à requit S. A. S. de se faire asseurer de la personne du Directeur des Droits, c'est enfin par cette Consulte remplie de calomnie que l'on à surpris la religion de S. A. S. & ensuite celle de Sa Sacrée Majesté, & que jusqu'à présent l'on abuse de la bonté de ces genereux & clements Princes.

N°. 1°. Produit du deuxiéme tiers des confiscations dans les quatre departemens de la Province de Luxembourg pendant les mois suivants :

	Luxembourg.	Marche.	Flounvilles.	St. Vieth.
Juillet 1735.	ƒ 41- 6-4.	ƒ 48-2- 4.	ƒ - - - - -	ƒ 39-13-4.
Août	60-10-6.	- - - - - - -	18-13-3.	6-13-6.
Septembre	4- 3-4.	21 - - - -	7-13-4.	31-17-6.
Octobre	6 - - - -	89-6- 8.	19- 8 - -	33-12- -
Novembre	38- 3-2.	20 - - - -	104- 1-4.	300- - - -
Decembre	- - - - - - - -	65-6-10.	24- 1 - -	100 - - - -
	ƒ 150- 3-4.	ƒ 243-15-10.	ƒ 173-16-11.	ƒ 511-16-4.

$$150- 3- 4.$$
$$173-16-11.$$
$$511-16- 4.$$
$$ƒ\ 1079-12- 5.$$

TOUCHANT

Le pouvoir d'établir des Infpecteurs, & l'emprifonnement du Receveur de Navagne.

Sur le premier Interrogatoire depuis l'Article 86. jufqu'au 96.
& fur le fecond l'Article 98.

LA feule lecture des Articles premier & onziéme de la commiffion du Dirécteur devroit fuffire pour decider cette difficulté : ces Articles difent, le premier.

 „ Qu'il à la libre & entiére difpofition de tous les employs defti-
„ nés à la perception & à la confervation des Droits, au même pied
„ & pouvoir, dont il étoit revêtu, lors qu'il a été Adminiftrateur.
Et l'onziéme.

 „ Les Receveurs principaux peuvent retenir hors de leur provenu;
„ tant les appointemens des Controleurs établis de la part de Sa Ma-
„ jefté, que les leurs propres, & ceux de leurs Officiers fubalternes,
„ felon les états qui leurs feront delivrés par le Directeur.

 Il eft en outre de fait, que du tems que le Directeur a été Adminiftrateur, il a établit plufieurs Infpecteurs ? & qu'il à affecté le payément de
leur gages tantôt fur l'un, tantôt fur l'autre des Receveurs principaux.

 Que felon cet ufage & ce pouvoir qu'il en avoit par fa commiffion il à établi entre autres fes deux freres pour être Infpecteurs du
fçû, connoiffance & aveu de S. E. le Grand Maître : & qu'il en a
affecté les appointemens fur les revenus du Bureau de Navagne ; fans
qu'il étoit neceffaire d'informer ladite E. de cette circonftance.

 Qu'à cet effet il en a donné les avis & les liftes neceffaires au Receveur de ce Bureau.

 Lequel Receveur par confequent, & en vertu de l'Article onziéme
de la patente du Directeur a pû faire ces payémens, fans outre-paf-
fer fon devoir, & il n'auroit pû même le refuter, à moins de des-
obéiffance envers fon Superieur.

C'eft

C'eft cependant pour ce fujet, que l'on à inquieté ce Receveur nommé Orban, & que par une voye de fait & de violence outrée on l'a fait conftituer en prifon fur un fimple mandat figné par le Greffier du Confeil des Finances, lequel n'étant que confultative, n'a aucune jurifdiction, & cela avec cette circonftance ulterieure, contre la bonne foy & le Droit des Gens; lors que ce Receveur étoit dans le coulement actuel de fes comptes, pour les quels il avoit été fpecialement appellé par la Chambre.

Pas content de cette violence l'on veut encore encherir préfentement fur un fait auffi inoui; on taxe le Directeur d'avoir donné matiere à cet emprifonnement, en abufant de cette maniere des Loix & des conventions les mieux circonftanciées, pour pouvoir contenter la paffion que l'on à contre le Directeur.

Quoi qu'il ne foit que trop évident & prouvé fuffifanment, que le Directeur avoit un Droit acquit pour faire les difpofitions précedentes, & qu'en confequence ni le Confeil des Finances ni la Chambre des comptes n'étoient aûtorifés à rayer au Receveur de Navagne les gages de ces Infpecteurs, moins encore faire arrêter ce Receveur, & que le Directeur des Droits étoit fondé au contraire à demander une réparation convenable pour l'infulte que l'on venoit de commettre.

Cependant comme le Directeur connoiffoit à qui il avoit à faire, que l'on cherchoit à quereller fur tout, & qu'il devoit s'attendre, que l'on avanceroit, qu'il auroit fait ces difpofitions tout à deflein, afin de tirer autant plus d'argent: il a aimé mieux en vûë de la paix de fe reftraindre à offrir, que l'on tireroit une pareille fomme, hors de ce qui lui competoit entre les mains du Receveur de Bruxelles, afin que dez fa fource on termineroit cette conteftation.

Mais l'on en efperoit trop d'avantage contre le Directeur pour terminer fi-tôt cette difficulté, & dans la créance, où l'aveugle paffion les avoit mit, que le meme Receveur étoit le parent de l'Arrêté, on a aimé mieux d'accumuler une oppreffion fur l'autre, fans même vouloir faire aucune attention, que ce Receveur avoit fourni au Gouvernement une caution de cinq mille florins, qui à tout évenement donnoit une feureté fuffifante & auroit dû empêcher cette voie de fait.

C'eft auffi parce que le Directeur avoit le Droit d'établir des Infpecteurs, d'en affecter leur appointement, où il trouvoit à propos, que l'on fe plaint ici avec raifon de ce qu'on vient l'inquieter fur cette matiere, & qu'attendu que le Receveur Orban n'a fait, que fon

fimple

simple devoir, on requiert très-humblement ce Conseil de prendre la connoissance, qu'il convient de cette affaire afin de r paration &c.

Et pour prévenir d'avance une objection que l'on pourroit faire à l'Arrêté, comme s'il n'avoit pas eu assez de bon chez le Receveur de Bruxelles pour faire le remplacement qu'il à propose, on rejoindra ici le compte fait avec ce Receveur le 20. Mars 1737.

Par lequel il lui est redevable de la somme de ƒ. 7170.

C O M P T E

Particulier entre le Directeur des Droits & le Receveur de Bruxelles.

LE Receveur principal de Bruxélles N. Rocquigni doit payer au Directeur général des Droits tant pour son appointement, que pour les fraix de son Office une somme de *f.* 4615. par chaque mois ce qui pour vingt un mois commencé en Juillet 1735. & qui finiront avec le présent mois de Mars 1737. donne une
somme de - - - - - - *f.* 96915 -

A la quelle on ajoute le tiers des confiscations
competant au Directeur   894 - 1 - 6.
     f. 97809 - 1 - 6.

Sur laquelle somme le Receveur de Bruxelles a payé les suivantes sçavoir :

     Le Juillet 1736 - *f.* 35059 - 8 - 9.
     D^to. - - - - 17235 - 5 - 10.
     4. Août - - - 12264 - 8 - 10.
     28. Septembre - 9853 - 9 -
     28. Janvier 1737. 8667 - 17 - 6.
     9. Mars - - 4846 - 18 - 8.
     D^to. - - - - 2711 - 10 -
       90638 - 18 - 7.

NB. Que le Receveur n'avoit pas encore produit les quittances de la derniere somme.

Le Receveur de Bruxelles doit - - 7170 - 2 - 11.

Ce compte a été Arrêté le 20. Mars 1737. après avoir mandé le Receveur pour sçavoir s'il avoit fait d'autres payémens & répondu que non.

O

TOU-

TOUCHANT

L'Article 68. du second Interrogatoire.

L'Arrêté ajoute à la réponse qu'il à déja faite fur cet Article ; qu'il a depoffedé le nommé Léonard Guftchoven de la recette de Navagne au commencement de fa direction , pour y placer N. Orban , parce que ce Receveur avoit été établi dez l'an 1732. & demis à la fin de 1733. ou au commencement de 1734. pour faire place au premier.

Qu'en outre l'Arrêté avoit encore plus d'une raifon de demettre ledit Guftchoven , puis que pendant fon interregne il avoit été certioré , qu'icelui Guftchoven , lors qu'il étoit Receveur de St. Philippe avoit rançonné le païs de Waes d'une retribution de dix Piftolles par an pour ne pas fe conformer à l'ordonnance , qui prefcrit que l'on ne rompe pas laft hors des Villes : en quoi fans doute devra confifter l'integrité que l'on donne à cet homme.

Que icelui Guftchoven avant l'an 1718. avoit été laquais à l'Admodiateur du païs de Limbourg Beaumont , lequel l'avoit placé dans un petit Bureau de la Province de Limbourg , & d'où l'Arrêté à la requifition de fon précedent maître le plaçât au Bureau de St. Philippe , où il doit avoir gagné tout ce qu'il poffede , puis qu'à préfent on le prétend folvent que l'Arrêté a affez reconnu qu'il eft le mignon du Confeil des Finances , fans en fçavoir les raifons , puis qu'il fçait , que le même Gufthoven eft encore redevable au Gouvernement des années 1733. & 1734. à St. Philippe de plufieurs mille florins , de même que d'environ f. 1200. des mois de Juillet & Août 1735. à Navagne , fans que l'on s'embaraffe beaucoup à faire clôre ces compte ni faire entrer ces deniers.

NB. Que depuis l'Arrêt du Directeur , le Confeil des Finances avoit remplacé de nouveau ledit Guftchoven au Bureau principal de Navagne : mais que fur les plaintes des emploïes & aiant reconnu fon infuffifance le même Confeil a été obligé de le congedier , après un mois de defervitude de cette recette.

TOUCHANT

La prise des Marchandises à la valeur, ce que l'on appelle le Quarage.

Sur le premier Interrogatoire depuis l'Article 93. jusqu'à 128. & le second depuis 211. jusqu'à 217.

POur servir de réponse ulterieure sur differents Articles, qui traitent de la prise, que les Officiers des Droits peuvent faire à la valeur, ce que quelqu'uns appellent impropremént le Quarage; & sur quoi l'on veut imputer à crime au Directeur, de ce qu'il auroit prétenduement permis aux Officiers principaux, de se servir à cet effect de l'argent qui reposoit en leur caisse, l'Arrêté estime qu'il est necessaire, qu'il explique d'avantage cette matiere & afin d'y parvenir il commence à transcrire ici deux Articles de sa commission, de même qu'un autre de la Patente de Regie de l'an 1732.

Article huit de la commission du Directeur.

,, Il pourra se prévaloir pour le plus grand profit de Sa Majesté ,, de toutes les Ordonnances & conditions, qui ont été publiées & ,, émanées à l'occasion des Droits d'entrée, sortie & autres, si avant ,, qu'elles n'auront pas été revoquées.

Article neuf de la commission du Directeur.

,, Que le Directeur n'aura aucun maniment des deniers à provenir ,, desdits Droits, à la reserve de ceux, qui seront reglez pour la dé- ,, pense &c.

Article dixiéme de la Patente de Regie de l'an 1732.

,, Pour ce qui est des Marchandises & denrées, dont lesdits Droits ,, devront se payer à la valeur sur la declaration des Marchands, ex- ,, primé dans les Tarifs, il sera libre aux Commis de l'Administra- ,, teur de les prendre pour son compte en payant comptant le mon- ,, tant de la declaration & quinze pour cent au-dessus &c.

Ensuite

Enfuite l'Arrêté fe refere aux réponfes, qu'il à déjà faites, & pofe en fait veritable, que de tout tems, auffi bien pendant la direction du Confeil des Finances, que pendant les Admodiations l'on a pris hors la caiffe du Bureau, où le Quarage fe faifoit, tout l'argent qui étoit neceffaire à ce fujet, fans que l'on ait pû cependant avancer avec quelque vrai-femblance, que le Confeil des Finances, quelque membre d'icelui, ou les Admodiateurs avoient eû le maniment de ces deniers.

Et d'où il devra fuivre, que fi le Directeur d'apréfent fait la même chofe, il ne devroit non plus être cenfé en avoir eû le maniment, que les précedents ; étant vifible, qu'en cette foutenue l'on tire aux dents le fens de l'Article neuviéme de fa commiffion.

C'eft auffi felon cet ufage établi de tout tems, & felon le pouvoir qui lui eft accordé par l'Article huitiéme de fa commiffion, que l'Arrêté s'eft prévalu de l'Article dixéme de la Patente de Regie de l'an 1732., & qu'il prétend, fous correction, qu'il ne fe feroit pas écarté de fon devoir, s'il avoit permit à fes Officiers de faire pendant fa direction, comme ils avoient fait pendant celle des Finances, & nommément qu'ils fe feroient fervis de l'argent de leur caiffe pour faire les Quarages, qui fe feroient préfentés.

Et il dit de plus, que fi le cas étoit arrivé, que l'un ou l'autre des Receveurs principaux n'aiant en caiffe aucun denier appartenant au Directeur, & celui-ci n'étant pas auffi en état pour lors de leur en faire paffer, que lui Directeur auroit negligé le fervice du Roi, & auroit manqué à fon devoir, s'il n'avoit ordonné, que l'on fe fervi à cet effect même des deniers de la caiffe de Sa Majefté, puis que fon bon fervice l'exigeoit ainfi.

Que le Directeur s'eft trouvé une fois contraint d'écrire en cette conformité au Receveur Van Doole d'Anvers, & de laquelle lettre on voudra peut-être fe prévaloir contre l'Arrêté, mais que ce fera encore fans fondement, puis que le Quarage, dont-il y devoit être queftion, n'a pas eu lieu.

Après quoi n'eft-il pas abfolument ridicule d'avancer ? que le Directeur auroit eû le maniment d'une chofe, laquelle n'eft jamais venue en fon pouvoir : puis qu'en fait de Quarage il n'eft ni plus ni moins, que fi aiant aptis, qu'il y auroit des mauvaifes efpéces dans la caiffe de l'un des Bureaux, il auroit ordonné à ce Receveur de les échan-
ger,

ger, & de s'en procurer des meilleures pour les fournir à la caiffe de Sa Majefté ; ce cas revenant abfolument à l'autre, puis que l'argent que l'on prend pour le Quarage ne forte de la caiffe, pour ainfi dire, que pour un moment, & de la même maniere, comme il en fortiroit pour l'échange précitée, fans que dans l'un & l'autre cas ces difpofitions retardent d'un moment les payémens ordinaires & menfuels, que les Receveurs doivent faire à la caiffe de Sa Majefté.

Il fera donc à propos de faire remarquer fur cette matiere, que cette foutenue du Confeil des Finances loin de favorifer le fervice du Roi, comme il le devroit faire, ne tend au contraire qu'à fa deftruction, & cela uniquement *propter odium alterius* ; car que veut dire ce Confeil finon, qu'afin que le Directeur puiffe faire des Quarages, il doit avoir à lui appartenant dans chaque Bureau une certaine fomme répofante & fi le même Directeur devoit fe conformer à cette penfée, & mettre feulement 400. fl. dans chaque Bureau ; qui ne verra dabord, qu'il lui faudroit pour ce fujet un capital de cent mille florins, lequel reftât prefque toujours inutile, & qui lui couteroit un interêt de fix mille florins par an, dans le tems que tout l'utile des Quarages vat en principal à la caiffe de Sa Majefté & au profit des Officiers, & que le Directeur en reçoit le moins, puis qu'il peut dire, qu'une année portante l'autre il n'en à jamais reçû mille florins. Cette foutenue ne tendra donc qu'à renverfer le fervice, dans le tems, que la précaution du Quarage eft très neceffaire pour la bonne perception des Droits.

Au refte malgré ces raifons l'Arrêté a dit de ne s'être point fervi de l'argent du Roi pour faire les Quarages, & il le repete ici : & afin que l'on fçache de quel argent il s'eft fervi, il ajoutera, que le plus fouvent ç'a été avec l'argent qui lui appartenoit du chef du fecond tiers des confifcations ; que ç'a été enfuite & quelque fois avec l'argent deftiné au payément des gages des Officiers, du quel on ne peut lui denier le maniment, & dont-il pouvoit toujours difpofer à cet effect jufqu'à la fin du mois, & ce qui donne plus de mille florins par mois pour le departement d'Anvers, & que lors qu'il en falloit une plus groffe fomme, il l'a fait prendre à interêt, comme il fera facile de s'en convaincre par les liftes de partage du profit des Quarages, que l'on pourra faire venir d'Anvers, où il en a été queftion.

De maniere que c'eft bien mal à propos, que l'on vient inquieter l'Arrêté fur cette matiere, puis qu'il refte prouvé, qu'il ne s'eft point fervi de l'argent de la caiffe de S. M. pour faire les Quarages & que fi même il l'eut fait, ou permis à fes Officiers de le faire, il ne fe

P

feroit

feroit acquité que de fon devoir fondé fur l'ufage anterieur, & fans pouvoir être taxé d'avoir manié les deniers de S. M., ni prevariqué contre le difpofitive de l'Article 9. de fa commiffion, dont le fens ne peut s'extendre jufqu'à ce qui ne paffe jamais en la poffeffion du Directeur.

Etant au fur plus très calomnieux d'avancer, que l'Arrêté fe feroit prévalu de la faculté du Quarage pour vexer les Marchands, detourner le Commerce, & profiter de la depouille des negotians.

Second tiers des confifcations au Bureau de Navagne avec lequel on à fait le Quarage des tableaux &c.

Juillet 1735. ‒ ‒ ‒	ƒ. 41 ‒ 10 ‒ 6.	De change.
Août ‒ ‒ ‒ ‒ ‒ ‒	15 ‒ 8.	
Septembre ‒ ‒ ‒ ‒ ‒	34 ‒ 4 ‒ 4.	
Octobre ‒ ‒ ‒ ‒ ‒	57 ‒ 18 ‒ 6.	
Novembre ‒ ‒ ‒ ‒ ‒	99 ‒ 9 ‒ 7.	
Decembre ‒ ‒ ‒ ‒ ‒	57 ‒ ‒ ‒	
Janvier 1736. ‒ ‒ ‒ ‒		
Fevrier ‒ ‒ ‒ ‒ ‒ ‒		
Mars ‒ ‒ ‒ ‒ ‒ ‒		

TOUCHANT

La fortie des Chevaux , Avoines &c.

Sur le premier Interrogatoire depuis l'Article 129. *jufqu'à* 146.

L'Arrêté a eû une pleine & entiere connoiffance de l'Ordonnance , & défenfe de fortie des Chevaux vers la France , que le Gouvernement des Pais-bas à fait émaner , auffi-tôt que cette couronne eut declaré la guerre à l'Empereur.

Mais il a auffi trés bien fçû , que malgré cette defenfe , on n'a pas laiffé de conduire vers la France plus de trente milie Chevaux , que l'on a fait traverfer les Païs de Liege & de Luxembourg , pendant que le Confeil des Finances à dirigé les Droits d'entrée , & pour les quels on n'a payé aucun Droit à Sa Majefté.

Si cela fût du gré & confentement des Officiers & peut être du Confeil des Finances même l'Arrêté ne veut en cela porter aucun jugement , quoi qu'il paroit qu'il auroit le lieu de le faire affez vraifemblablement , & hors la difficulté qui furvint dans ce tems là fur la matiere entre le Receveut de Falmagne nommê *Rayés* & les Dragons de Vhelen , ce qui fit beaucoup de bruit & fut porté au Gouvernement , que parce que le même Rayés a en fuite eté recompenfé du Controle de Malines.

Quoi qu'il en puiffe être l'Arrêté dit enfuite , que ce fut uniquement pour remedier à un in convenient de fi grande confequence & qui failoit tant detort à l'Empereur qu'il à augmenté confiderablement le nombre des Officiers de fa direction & fpecialement au païs de Luxembourg , & que par ce moien il a auffi eû la fatisfaction que les François n'ont pû faire dorefnavant paffer en fraude les Chevcux , dont ils avoient befoin.

Que cependant enfuite & fur la requifition de l'Arrêté le Gouvernement à permit le paffage de Chevaux de Caroffe , & que l'Arrêté y a ajonté la précaution de ne pas accorder ce paffage par le païs de Luxembourg.

Qu'il eft veritable , qu'un Avocat de Liege a demandé à l'Arrêté en Juillet, fi on recevroit les Droits, que l'on préfenteroit à l'un ou l'autre des Bureaux de Sa Majefté, pour des Marchandifes défà fraudées.

Que l'Arrêté lui à répondu, que l'on ne feroit aucune difficulté de recevoir ces Droits, pourvû qu'au fujet de cette fraude il n'y eut pas de procedure commencée.

Que fur cette réponfe cet Avocat a demandé de pouvoir faire paier au Bureau de Marche les Droits de quarante Chevaux.

Que l'Arrêté étant de retour à Bruxelles a envoié à cet Avocat l'ordre qu'il demandoit, dans lequel on n'a porté aucune diminution de prix, comme l'avance calomnieufement l'Article 138. nonplus que diminution de la quantité, comme l'infinue l'Article 137.

Qu'il n'eft pas venu à la connoiffance de l'Arrêté, que les Offi; ciers des Droits aient connu cette fraude, avant que le prédit payément n'avoit été fait à marche, & qu'au moins ce ne fut qu'après icelui qu'ils lui ont écrit pour attaquer ce Marchand.

Que là-deffus l'Arrêté à defendu d'inquiéter de fa part le Marchand par raport aux 40. Chevaux dont il avoit payé les Droits, puis que la bonne foi s'y oppofoit, mais que l'on pouvoit l'attaquer pour les fept Chevaux recelez pour autant que l'on en auroit des preuves fuffifantes.

Que cette difpofition laiffoit toujours le Confeil des Finances en fon entier pour faire agir à la charge de ce Marchand, pour la prédite fraude qui avoit été Commife du tems de leur direction.

Que l'Arrêté n'a jamais vû ce Marchand ni lui parlé; qu'il n'a jamais été queftion de la ftipulation d'une piéce de Vin pour l'émologation de cette efpece de convention; que cette piéce de Vin n'a jamais été préfentée ni reçûe; & qu'il n'eft jamais venu à la connoiffance de l'Arrêté, qu'aucun garde ait murmuré là-deffus, non plus qu'aucun ait reçû des bouteilles foit vuides ou pleines.

Enfin que toutes les circonftances qui font ajoutées à cette affaire, font calomnieufes auffi bien que celles avancées pour l'avoine & demandant au fur plus, qu'on lui defigne les noms des Officiers, dont veut parler l'Article 146.

TROISIE'ME

REPONSE ULTERIEURE

Touchant les pertes, que le Directur des Droits à faites aux Païs-bas.

Sur les Articles 147. jufqu'à 175. inclus du premier Interrogatoire.

C'Eft avec art, que l'on a mêlé les Articles, dont il eft ici queftion, & que l'on y fait toujour dependre le prêt d'argent, que l'on a fait de quelques Marchands en la maniere, qu'on l'a detaillé, de l'une ou l'autre faveur, qu'on leurs à prétenduement accordé toujour au detriment du fervice de l'Empereur.

Qui ne croiroit par ex: que les vingt cinq pour cent accordé à Atcdeacon fur le Sel, moderation fi confiderable, n'ait été accordée de la pûre autorité de l'Adminiftrateur? car cela s'eft fait du tems de fa Regie, & non du tems de la direction : cependant nous avons des Ordonnances, qui accordent une moderation fur cette denrée jufqu'à trente pour cent.

Qui ne croira encore, que ce fut fous des mêmes & pareils faveurs, que Willaert, & les autres de Bruges ont fournis leurs deniers? ces propofitions en la maniere, qu'elles font étalées, le feroient ainfi fuppofer.

Toutes ces allégations ne font, que pure calomnie, & l'on defie, que l'on puifle produire la centiéme partie d'une preuve de ce, que l'on avance depuis l'Article 147. jufqu'au 161.

Quant aux autres dettes, que l'Arrêté peut avoir contractées, il fait le detail fuivant :

Depuis que Sa Sacrée Majefté à benignement accepté au commencement de l'an 1735. l'efpéce de compromis, que l'Arrêté avoit propofé : & qu'en confequence elle avoit fait delivrer fon decret d'impofition de filence perpetuel; l'Arrêté s'eft refervé peu de papiers, qui touchent cette matiere.

Il declarera cependant autant que fa memoire poura y fournir, la

Q

fituation

fituation de ces affaires ; le tout fous les proteftations ordinaires de Droit, puis que le decret du Gouvernement n'a ordonné, que de connoitre des affaires, qui ont concerné la direction des Droits, laquelle a commencé en Juillet 1735.

L'Arrêté dira donc, qu'il à fait confter tant au Gouvernement de Vienne vers la fin de l'an 1734. —

1°. Qu'à la Chambre de comptes, Que les fraix ordinairs des Officiers des Bureaux des Droits d'entrée pendant la Regie de l'an 1718. avoient couté une année portant l'autre une fomme de - ƒ. 185000.

2°. Que les fraix du Bureau Géneral de la même Regie tant pour les gages des Officiers, qui y avoient été emploiés, que pour les fraix de vifite, des regîtres, acquits, papiers &c. avoient couté par année commune la fomme de - - - - - - ƒ. 22000.

3°. Que l'interêt de l'avance, que l'on avoit fait de 400. mille à 5. pour cent donnoit par an - - - - - - ƒ. 20000.

4°. Et que de cette forte cette depenfe totale fe montoit par an à une fomme de - - - - - - - ƒ. 227000.

5°. Qu'en deduifant enfuite de la predite fomme celle, que le Gouvernement avoit accordé pour les mêmes fraix fçavoir - 146000.

6°. Il reftoit chaque année une perte de - - ƒ. 81000. Provenant de cette depenfe.

7°. Que cette même perte pour fix années cours de cette Regie fe montoit à la fomme de - - - - ƒ. 486000.

8°. On a fait confter, qu'il falloit encore ajouter à la perte précedente, ce que l'on avoit dû paier par confentement & ordre du Gouvernement aux Affociez Miffon, Bechemont & Dehaime fçavoir - - - - - - - - 80000.

9°. De même que ce que l'Affocié Chriftian avoit emporté falvo jufto - - - - - - - - ƒ. 83000.

10°. De maniere que la perte totale fe montoit à la fomme de - - - - - - - - - ƒ. 649000.

11°. Que de cette perte il falloit alors fouftraire tant le profit que cette Admodiation avoit recueilli, & qui avoit été falvo jufto de - - - - - - - ƒ. 180000.⎫

12°. Que la fomme de laquelle on la faifoit redevable ⎬
au Gouvernement fçavoir - - - 70000.⎭

13°. En-

13°. Enforte que la précedente perte venoit abaisser jusqu'à la fomme de - - - - - - *f.* 399000.

14°. Mais que cette perte depuis la fin de l'an 1724. jufqu'à la fin de l'an 1732. auroit encore augmenté par les interêt d'une autre fomme de - - - - - - 159600.

15°. Enforte qu'à la fin de l'an 1732. la perte totale fe trouvoit êttc de - - - - - - - *f.* 558600.

16°. Que l'Adminiftrateur des Droits avoit enfuite diminué ou plutôt acquité partie de cette dette, tant par une portion des avances, qu'il avoit faites, qu'en y emploiant, ce qu'il avoit gagné dans plufieurs autres affaires, ce qu'il eftime fe porter enfemble à la fomme falvo jufto de - - - - *f.* 120000.

18°. De maniere que la totale perte précedente fe reduifoit à la fomme de - - - - - - *f.* 288600.

19°. A la quelle fi l'on ajoute, comme de raifon, les interêt de l'an 1733. - - - *f.* 14430.

20°. Et ceux de l'an 1734. & 6. mois 1735. - *f.* 21645.

21°. La perte que l'Adminiftrateur à foufferte & fouffre de ce chef fe montera à la fomme de - - - - *f.* 324675.

22°. Que le même Admodiateur a verifié dans ce tems-là, qu'il devoit une pareille fomme falvo jufto à fes Créanciers par un état circonftancié de fes dettes.

Après quoi il eft à remarquer, que dans le même tems lui Adminiftrateur à repréfenté à S. S. M., que de cette maniere il auroit fervi pendant 18. ans fans gagner le Sol; avoir dû vivre à fes depens, & encore facrifier une fomme de 150. fl. du fien, pendant, que par fes foins il avoit eû le bonheur d'acquérir à la caiffe de S. S. M. plus de vingt millions, felon le libel, qu'il en a produit : & qu'il n'avoit néanmoins reçû la moindre juftice fur les prétentions les plus legitimes, qu'il avoit à la charge du Gouvernement, & qui fe montoient à plus de 700. mille fl.

Que cependant à l'occafion d'icelles il n'étoit pas encore d'opinion de tirer au couteau avec fon Maître : & que ce fût alors, qu'il à propofé le compromis mentionné ci-deffus, qui fut agréé, & felon le quel on lui accordat la direction des Droits d'entrée pour dix ans avec un appointement de trente mille florins par an, afin qu'il feroit en état depaier les dettes, qu'il avoit contractées pour le fervice.

Enforte

Enforte que l'Admodiateur refte plus digne de pitié, que d'envie : puis que l'on peut dire, qu'il ne fert, qu'afin de pouvoir donner le contentement neceffaires à fes Créanciers, quoi qu'ils foient plutôt ceux du Gouvernement.

Sur l'Article 162. jufqu'au 170. inclus du premier Interrogatoire.

L'Arrêté ajoute aux réponfes, qu'il à déjà données fur ces Articles, qu'il n'a fait aucune difpofition, qui n'ait toujour été très avantagieufe au fervice de Sa Majefté : & que fi elles ont été contraires aux Ordonnances, il a fuivi en cela ce, que le Confeil des Finances avoit déja pratiqué avant lui. comme avec le tranfit accordé au Roulier Delcour par Menin, ou qu'il fe fera trouvé, que l'ufage étoit tel dans les Bureaux, lors de la prife de poffeffion de fa direction : n'aiant dans tous autres cas fait la moindre chofe, fans avoir prévenu S. E. le Grand Maître & lui en demandé fes ordres.

Qu'il eft au fur plus extravagant d'avancer le deperiffement des forges de ces Provinces par une prétendue moderation fur l'entrée des fers étrangers : puis qu'il ne s'eft jamais agi de l'entrée d'iceux, mais uniquement de leur tranfit.

Qu'il eft enfuite veritable, que l'Arrêté à fait tout ce qu'il a pû pour faire augmenter les revenus ; parce qu'il a crû, que tel étoit fon devoir, & perfuadé, qu'il étoit auffi, que S. M. avoit befoin de deniers ; en quoi l'Arrêté fe trouve en fentiment contraire avec les Financiers Dewitt & Papejans, qui crient à un chacun, que l'Empereur n'a pas befoin d'argent, & qu'il faut continuer à laiffer paffer les tranfits par les villes de Breda & de Bois-le-duc, fans les attirer par celle de Malines.

Etant enfin le plus calomnieux d'avancer, que l'Arrêté n'ait pas donné fes foins pour la rentrée en caiffe, puis que le contraire eft veritable, comme on le verifiera dans les preuves ; & malgré que le Confeil des Finances n'ait, pour ainfi dire, donné aucun avis à l'Arrêté des difpofitions, qu'il faifoit des deniers de S. M. ; & que même il lui foit arrivé, qu'aiant demandé raifon là-deffus à la Veuve Proli, à la quelle on faifoit les remifes, elle à répondu, que l'on pouvoit s'en éclaircir à la recette génerale.

Touchant le dernier Voyage, que l'Arrêté à fait à Vienne.

Sur les Articles 176. *jusqu'à* 179. *du premier Interrogatoire.*

QU'il avoüe d'avoir Commis une faute en partant de Bruxelles, sans avoir préalablement pris congé de S. A. S. ; faute pour laquelle il à déja fait ses excuses les plus respectueuses, tant à S. S. M., qu'à S. A. S., & laquelle tout homme pouvoit faire, comme lui, lors qu'il s'agit de conserver sa liberté laquelle l'Arrêté n'ignoroit pas être menacée, tant par les differentes consultes de ceux des Finances, que par toutes les autres demarches, qu'ils avoient déjà faites.

Qu'au reste, s'il eut été veritable, que non, que le decret de S. A. S. pour defendre à l'Arrêté la sortie de Bruxelles, auroit existé ; le Conseil des Finances auroit du le faire insinuer, soit en original, soit en copie à l'Arrêté ; puis que de son chef ce Conseil n'étant que consultative, il n'a par lui-même aucune jurisdiction, en sorte que les lettres, qu'il at envoiées à l'Arrêté n'ont pû avoir aucune force de Loix à son égard.

Qu'enfin ce ne peut être un si grand crime, que d'aller se mettre aux pieds de son Maître commun, pour y porter ses doleances, & qu'il seroit le plus extravagant d'imputer un pareil voiage à une fuite prémeditée.

Touchant les Articles 203. 204. 205. & 206. *du second Interrogatoire.*

L'Arrêté ajoute aux réponses faites sur ces Articles, que la procedure des locques de question aiant été portée en appel à la chambre supreme, ou la cause étoit encore pendante au commencement de l'an 1737., il n'a jusque lors été question d'aucun renseignement, le quel on aura soin de faire, lors que cette cause sera jugée.

R   AMPLIATION

AMPLIATION DE REPONSE

Sur les deux premiers Interrogatoires.

Seconde Partie contenante.

1°.

LE détail de la depenfe ordinaire des Droits d'entrée & fortie, tant en gage des Officiers, l'interêt de leur avance, que les fraix extraordinaires dans tous les Bureaux principaux pendant le terme de 18. mois.

2°.

Le compt particulier entre le Directeur des Droits & le Receveur de Bruxelles.

3°.

Explication & information fur ces des comptes comme auffi fur la difficulté muë à l'égard du Bureau de la Philip.

4°.

Conclufion de cette Ampliation de réponfe.

DEPENSE ORDINAIRE DES BUREAUX

Des Droits d'entrée pour les six derniers mois de l'an 1735.

Bureaux principaux.	Gage des Officiers.	Interêt d'avance.	Fraix extraordinaires.
Bruxelles - - -	f. 9282 - 9 - 3.	f. 240.	f. 576 - 13 -
Anvers - - - -	5353 - 16 - 6.	300.	688 - 18 - -
St. Philip - - -	540 - - -	- - - -	- - - -
Turnhout - -	4349 - 15 - 8.	200.	236 - 8 -
Tirlemont - -	3315 - 2 - 8.	100.	263 - 19 - 6.
Roermond - -	2790 - 13 - 7.	40.	118 - 16 - 8.
Navagne - -	6568 - 10 - 1.	- - - -	163 - 15 - 1.
Namur - -	6563 - 14 - 1.	160.	240 - 8 - 6.
Charleroi - -	2632 - 6 - 6.	90.	122 - 2 - -
Beaumont - -	2583 - 6 - 8.	40.	80 - 16 - 8.
Mons - - -	7356 - - - 1.	140.	262 - 19 - -
Tournay - -	4710 - 4 - 5.	80.	248 - 8 - 8.
Courtray - -	4141 - - -	75.	310 - 11 - 6.
Ipres - - -	6270 - - - 2.	150.	281 - 19 -
Nieuport - -	935 - - -	40.	112 - 7 - -
Oftende - -	2253 - 6 - 8.	- - - -	379 - 6 -
Bruges - -	5885 - 12 - -	100.	391 - 17 -
Gand - - -	6865 - - - -	40.	191 - - -
Luxembourg -	14502 - 7 - 4.	185.	668 - 19 -
	f. 96898 - 5 - 8.	f. 1980.	f. 5339 - 5 - 5.

Toute cette dé-
penfe eft confor-
me aux actes, qui
ont été produit à
la Chambre.

$$f.\ 1980$$
$$96898 - 5 - 8.$$
$$f.\ 104217 - 11 - 1.$$

DEPENSE ORDINAIRE DES BUREAUX

Des Droits d'entrée pour les six premiers mois de l'an 1736.

Bureaux principaux.	Gages des Officiers.	Interêt.	Fraix extraordinaires.
Bruxelles	f. 10236	f. 240.	f. 309
Anvers	5578 – 7 1.	300.	487 – 9 – 6.
St. Philip	540		
Turnhout	4350	200.	239 – 3
Tirlemont	3600	100.	366 – 3 – 6.
Roermond	2822	40.	150 – 12 – 4.
Navagne	6916	192.	68 – 18 – 9.
Namur	7171 – 13 – 3.	200.	261 – 1 – 3.
Charleroi			
Beaumont	3200	40.	97
Mons		140.	
Tournai	4600	80.	272 – 8
Courtrai	4410	75.	402 – 14
Ipres	6440	130.	268 – 7
Nieuport	980	40.	75 – 2 – 3.
Oftende	2280		
Bruges	6127 – 5 – 6.		541 – 2 – 9.
Gand	7601 – 5		185 – 19 – 6.
Luxembourg	15748 – 2 – 8.	225.	341 – 10 – 3.
	f. 92600 – 13 – 6.	f. 2092.	f. 4066 – 13 – 1.

Toute la dépense ci-dessus est conforme aux actes produits en Chambres.

	2092 – – –
	92600 – 13 – 6.
	f. 98759 – 6 – 7.

On ajoute pour Charleroi – f. 2620.
Mons – – 7250.

$$9870$$
$$f.\ 108629 - 6 - 7.$$

DEPENSE ORDINAIRE DES BUREAUX

Des Droits d'entrée pendant les six derniers mois de l'an 1736.

Bureaux principaux.	Gages des Officiers.	Intérêt.	Fraix extraordinaires.
Bruxelles - -	f. 10869 - 15 - 3.	f. 240.	f. 493 - 5.
Anvers - - -	5423 - 7 - 3.	300.	467 - 2.
St. Philip - -	540 - - -	- -	- - -
Turnhout - -	4028 - 6 - 6.	200.	238 - 12.
Tirlemont -	3763 - 6 - 8.	100.	305 - 1.
Roermond - -	2720 - 8 - -	40.	121 - 6 - 8.
Navagne - -	6509 - 6 - 9.	192.	68 - 18 - 9.
Namur - - -	6160 - 19 - -	200.	315 - 19 - 9.
Charleroi - -	- - - -	90.	- - - -
Beaumont -	2723 - 10 -	40.	119 - 16 - 9.
Mons - -	- - - -	140.	- - - -
Tournai - -	4659 - 9 - 5.	80.	293 - 11.
Courtrai -	3965 - -	75.	384 - 11 - 6.
Ipres - - -	6412 - 10 - -	140.	308 - 7.
Nicuport - -	- - - -	40.	- - - -
Oftende - -	2310 - -	- -	- - - -
Bruges - - -	5919 - 11 - 6.	- -	541 - 2 - 9.
Gand -	- - - -	- -	- - - -
Luxembourg -	13924 - 18 - 7.	225.	426 - 17 - 1.

f. 79930 - 8 - 11.	f. 2102.	f. 4084 - 11 - 3.	

Toute la dépenfe ci-deffus eft conforme aux actes produits à la Chambre.

$$2102 - - -$$
$$79930 - 8 - 11.$$
$$f.\ 86117 - - 2.$$

On ajoute pour Charleroi f. 2620.
           Mons - - 7250.
           Nicuport - 1040.
           Gand - - 7650.

Les comptes n'aiant encore été produit à la fin de Mars 1737.

$$18560 - - -$$
$$f.\ 104677 - - 2.$$

2 R   Dois

Doit le Receveur de Bruxelles au Directeur avoir son compte courant.

En conformité de l'Article 12. de la commiſſion du Directeur des Droits le Receveur de Bruxelles doit lui paier chaque mois une ſomme de *f.* 4615. ce qui pour 21. mois donne la ſomme de *f.* 96915.

Le Receveur de Bruxelles a paié au Directeur les ſommes ſuivantes ſçavoir :

3. Juillet 1736 *f.*	35059- 8- 9.
D^{to} - -	17235- 5-10.
4. Août - -	12264- 8-10.
28. Septembre -	9853- 9.
28. Janvier 1737.	8667-17- 6.
9. Mars - - -	4846-18- 8.
f.	87927 8- 7.

De la quelle il faut deduire le ſecond tiers des conſiſcations - - - - - 804- 1- 6.

f. 87033- 7- 1.

Il doit encore avoir paié le 9. Mars - - - - dont il n'a pas encore reproduit les quittances.   2711-10.

f. 89744-17- 1.

Doit au Directeur.   7170- 2-11.

f. 96915.

Le 20. Mars 1737.

Du compt courant repris à l'autre part entre le Directeur des Droits & le Receveur principal de Bruxelles il conste évidenment.

1°.

Que ce Receveur n'a jamais fourni au Directeur que ce qui lui competoit.

2°.

Qu'il ne lui a fait aucune avance ni paiément anticipé.

3°.

Qu'au contraire ce Receveur n'a pas fourni à ses obligations, ni paié le Directeur dans les tems préscrits.

4°.

Puis qu'il se trouve encore présentement redevable au Directeur de plus de sept mille florins.

5°.

Les quels il retient injustement & au grand detriment tant du Directeur des Droits.

6°.

Que des Officiers du Bureau Général de la direction, aux quels il n'a pas encore paié les appointemens de mois de Janvier, Fevrier & Mars 1737.

7°.

Comme au grand detriment du Receveur principal de Navagne N. Orban, que l'on retient Arrêté faute de ce paiément.

8°.

Et sur tout quoi ce Receveur de Bruxelles dit, qu'il en à les Ordres du Conseil des Finances.

EXPLICATION
Touchant la dépense ordinaire &c.

IL est à remarquer, que la dépense, que l'on trouve couchée dans le texte des comptes, que l'on vient de produire, a été paiée directement par les Receveurs principaux de chaque département : que ces Officiers ont dû la verifier à la Chambre des comptes, & y reproduire toutes les quitances & autres piéces justificatives : que le Directeur des Droits n'a absolument reçû, que ce qui est compris dans le compt courant entre lui & le Receveut de Bruxelles : sans que l'on puisse dire, qu'il ait touché un seul denier hors des autres sommes precedentes, ni le mis dans ses coffres, comme les Consultes du Conseil des Finances l'ont repeté plus d'une fois.

Quant aux fraix du Bureaux de la Philip, sur les quels on veut aussi faire une difficulté à l'Arrêtê : il semble, qu'il devroit suffire de faire attention, que le Directeur par l'Article premier de sa commission à le pouvoir, *d'agir au même pied, que lors qu'il étoit Administrateur, qu'il à la libre & entiere disposition de tous les emplois &c.* : & que dans le tems de ses Admodiations n'aiant été chargé d'aucune autre dépense, que celle, qui avoit été faite par les Officiers, qu'il avois munis de ses commissions, il est présentement hors de propos de venir le charger d'une dépense, qui a été faite par d'autres Officiers, que par les siens.

Outre cette raison, qui est peremptoire : l'Arrêtê a encore l'usage en sa faveur : puis qu'il est veritable, que du tems des Etats Généraux, il n'étoit pas chargé de toute la dépense, & que la convention recente, que le Gouvernement a faite avec les Etats de Brabant y est aussi conforme :

Au sur plus l'Arrêtê fera ici connoitre, que les Etats de Brabant se sont aussi conformé, à cet usage & établissement ; puis qu'étant arrivé, que le Receveur de ce Bureau n'aiant voulu se conformer aux ordres, que l'Arrêtê lui avoit fait passer ; se plaignant, que l'on fraudoit plus du quart des Droits de Sà M. à ce Bureau, & qu'il devoit y faire mieux tenir la main : icelui Receveur après avoir pris l'ordre de ses principaux à répondu, qu'il n'étoit ni aux ordres, ni aux gages de l'Arrêtê, le quel ensuite pour remedier à la fraude manifeste, qui se commettoit à ce Bureau, y a envoié plus d'Officier

de

de sa part: mais on les a aussi rebuté, et prétendu n'être obligé à en recevoir davantage, que ceux qui y étoient déja postés: le Receveur de la Philip ayant au surplus refusé de laisser aucune disposition à l'Arrêté dans les confiscations de ce Bureau, et lui payer le tiers, qui lui est compétant.

De tout quoi l'Arrêté a donné les avis necessaires et convenables au Conseil des finances, sans qu'il ait voulu y prendre aucune résolution: en sorte que c'est contre les regles, que l'on veut présentement charger l'arrêté d'une dépense qu'il n'a pas ordonnée et qui n'a pas été faite par ses Officiers: le prétendu bilan de la dépense générale, de laquelle on parle, et que l'on vante avoir été délivré par l'Arrêté, ne pouvant infirmer l'article de sa commission, et ne faisant aussi rien, si la dépense a été portée autrement dans le grand Livre; puisque dans la dépense qui y est couchée, l'on y a compris également les frais des Controleurs du Roi, lesquels cependant ne peuvent être à la charge de l'Arrêté.

Après quoi l'Arrêté déduit, que la totalité de la dépense que l'on a accordée par l'art. 10e. de sa Commission est divisée en deux branches, savoir celle que les Receveurs principaux retiennent et payent par eux mêmes selon l'art. onzieme de la même commission, et ce que l'on a repris sous trois textes dans les comptes que l'on a reproduit: et la seconde branche consiste en ce que le Directeur peut recevoir par lui même selon l'art. 12. de sa Commission.

L'Arrêté a démontré par le compte courant du Receveur de Bruxelles, que bien d'avoir outrepassé le contenu de l'art. 12., il n'a pas même reçu ce qu'il auroit dû verecevoir il n'aura donc rien mis dans ses coffres, et c'est bien à tort qu'on l'a taxé de cette calomnie.

Quant à l'autre branche de la dépense, il ne peut ici en coucher le detail au juste, parceque les comptes n'en sont pas encore coulés à la chambre : cependant il a avoué dans ses réponses personnelles, comme il le fait encore a présent, que ces deux branches de la depense rejointes ensemble outrepasseront la Somme qui est accordée de 240 florins par an; et il estime d'avoir donné des raisons suffisantes de cette chausse dans ses réponses precedentes.

Il ajoutera cependant encore que l'art. 10 de sa Commission se raportant au terme de dix années convenu pour cette Direction, et n'y étant pas conditionné, que si la totalité de la dépense n'arriveroit pas à la Somme de 240 f. S. M. eut dû profiter chaque année, cōe effectivement cela ne pouvoit être, parcequ'il pouvoit survenir des occasions, où l'on auroit dû employer cette excroissance pendant les années suivantes lui Arrête a pû, pour les raisons qu'il a déja déduites, augmenter la dépense d'une année pour la diminuer dans une autre sans que l'on puisse taxer cette disposition d'aucun crime sur tout après que l'on fait conster des raisons suffisantes ; que l'on démontre que toute cette dépense a été effectivemt et réellement payée aux officiers, sans qu'il y en ait eu de postiches comme on l'a temerairement pretendu, sans qu'aucun appointement ait été pretenduement affecte au payemt des interêts des sommes que l'Arrête a levées, et sans que l'Arrête en ait joui d'une seule abole. Suffisant selon le dispositif de l'art. 10 de sa Commission que pendant le terme de dix années il n'employe pas plus de 240 f. pour chacune année; ou ce qui est mieux une sōe totale de 2.400000 f. pour la totalité des dix années : cependant toujours sous la clause de bonne et dûe verification; le sens et les termes de l'art. 10 ne s'extendant a rien de plus, personne n'y peut ajouter, et il est étonnant que l'on ait imputé a crime a l'Arrête une disposition qu'il étoit necessaire qu'il fît pour le bon service des Droits de S. M.

Con—

Conclusion
de cette Ampliation de réponse.

Parmi cette ampliation de réponse l'arrêté espere
qu'il aura donné telle satisfaction a ce grand Conseil, qu'il pourra même n'être pas necessaire d'attendre la preuve que les Fiscaux voudroient faire des
articles de leurs Interrogatoires; puisque quand bien
même il seroit veritable, que non; que l'Arrêté
auroit avoué le contenu de la généralité de tous les
articles qui y sont repris; on n'estime pas qu'il y
en ait aucun, qui puisse avoir attiré avec justice
la presente disgrace à l'arrêté; moins encore avoir
autorisé de la faire avec un transport et garde de
trouppes; ce qui a été un moyen affecté tout a dessein
pour perdre autant plus l'Arrêté dans son honneur
et dans sa reputation.

C'est aussi pour ces raisons et parceque toute la
présente procedure ne peut rouler que sur les consultes, que le Conseil des finances a produites au
gouvernement, lesquelles neanmoins ne sont gueres
justes; et par lesquelles on a demandé les arrêts du
Directeur aussibien que la cassation de la Direction
des Droits, qui lui est acquise au titre le plus onereux;
et ni plus ni moins que s'il n'auroit pas dirigé bien et
loyalement : que l'arrêté demande avec l'instance
la plus respectueuse a ce grand Conseil.

Que sans attendre la preuve des Fiscaux il lui plaise
de declarer que l'Arrêté a bien et loyalement dirigé
les Droits qui lui ont été confiés; qu'il n'a pas donné de
ma --

matiere aux Consultes ci dessus citées, moins encore a l'arrêt que l'on a fait de sa personne; qu'en consequence il doit être rétabli en tous ses lieux, places et degrés, et être mis hors de cour et d'arrêt avec restitution des fraix; depens dommages et interêts à la charge de qui il appartiendra.

Ce Decret ne sera pas seulement conforme aux regles de la justice et de l'Equité; mais aussi au sentiment que le Public a propalé, aussitôt que le Conseil des finances a mis au jour la presente contestation, et qu'il a commis autant de violence tant à l'égard de l'Arrêté, que de ses officiers et domestiques.

En sorte que ce Tribunal en rendant cette justice comme il est accoutumé a la rendre toujours, il aura encore cette satisfaction de l'applaudissement de la generalité d'un peuple, qui demande déja pour lequel des bons services de l'Arrêté on lui a procuré la presente disgrace; et s'il sera plus long tems permis a ce Conseil des Finances d'adopter les Loix des Ephesiens, que Cicéron nous a conser-vées, et qui chassoient les plus vertueux de leurs Citoyens par la seule raison qu'ils avoient trop de merites.

Nemo de nobis unus excellat: et si quis extiterit, alio in loco et apud alios sit.

Troisieme

TROISIÉME INTERROGATOIRE
Tenu le 22. & 23. Octobre 1737.

Addition des Faits & Charges pour le Conseiller Procureur Général de Sa Majesté Acteur, contre ADAM JOSEPH BARON DE SOTELET *detenu en la Conciergerie du Palais.*

I.

MOnsieur le Commissaire est requis, d'examiner & d'interroger l'arrêté, s'il n'est point veritable que, dès le mois de Mai 1732. il a permis l'entrée des Brandevins de France en quelques endroits de ces Païs-bas, en paiant seulement quatre florins à l'aime, au lieu de huit?

I I.

S'il n'a pas accordé telle permission aux Marchands Brandeviniers du Village de Bramigni, Raucourt, & autres d'aux environs, moiennant qu'ils passent par le bureau de Wihiers, subalterne de Tournay?

I I I.

Si cet ordre n'a pas subsisté, & aussi executé au même bureau les derniers six mois de l'an 1735. & pendant 1736. & 1737.

I V.

Si par cette diminution des droits, il n'est point entré en ces Païs, une grande quantité d'Eau de Vie. Par le bureau de Wihiers susdit pour l'usage, & debit de certain J. B. Denys, André Louïs d'Ecrque, Arnould Balan, & Guille Pierréz dit Roger, tous Marchands en gros & en debit à Raucourd;

V.

Qu'il est veritable, que pendant sa direction la sortie du Lin Verd & non battu, étoit défendu vers la France & ailleurs.

V I.

Que cependant il en à permis la sortie de ces pais en France, moiennant un droit qu'il en fit paier,

V I I.

Que nomement aux bureaux de Wihiers, Maulde, & Hollain pendant l'année 1736. a été accordé de laisser sortir les Lin Verds non battus n'i peignés, en paiant trente patars du cent péfant, comme pour Lin peigné,

V I I I.

Que l'on y laissoit passer & sortir environs 1500. livres péfans de

S

Lin

Lin crû , pour cent livres de Lin peigné , & que le receveur étoit chargé d'annoter en fon Regître le Lin crû , comme s'il eut forti tout peigné ,

I X.

S'il n'a pas donné ces ordres au Receveur principal de Tournai , qui les à fait paffer à ce fujet à fes fubalternes , en prenant des bonnes précautions , & que ceux de Wihiers & autres declaraffent la jufte quantité de Lin qu'ils feroient fortir en France ;

X.

Si dans les lettres écrites au Receveur de Tournai , il ne lui à point pour ce departement fuggeré un moien oblique , en l'advertiffant qu'en quelque maniere il permettoit dans la Campine la fortie du Lin crû , en donnant des acquits à caution que l'on ne reproduit jamais , & faifant configner les triples droits de quels on fait recette , & l'autorizant de faire de même dans fon departement de Tournai ;

X I.

S'il n'a pas ordonné au Receveur Bouillez à Tournai , de fouffrir où tolerer dans fon departement , qu'on fit fortir de la Frontiére en France , des corps d'arbres entiers , & autres bois a batir pour bois de chauffage , en paiant les droits de fortie fur ce pied tant feulement ?

X I I.

Et qu'en cette conformité enfuite de fon ordre , à été pratiqué au bureau de Peruwéz & autres voifins ?

X I I I.

S'il n'eft pas veritable que , vers le mois de Novembre 1735. l'interrogé a envoié un ordre circulaire , & nômément au Receveur de Tournai , de laiffer entrer les grains de France indiftinctement , foit fur tranfit , ou pour être confommés aux Pais-bas , en paiant fenlement les fimples au lieu des triples droits ,

X I V.

S'il n'eft pas de fa connoiffance , que certain Noel Armentiers , garde au bureau Quievrain , à faifi au pont de Jumappe , departement de Mons , quatres caiffettes remplies de galons d'or & d'argent fins , qui pouvoient valoir environs douze mil florins , venans de France.

X V.

S'il n'eft pas vrai que cette capture à été declarée bonne , & que les mêmes gâlons ont été confifqués par fentence du Juge , & ordonnés d'être vendus conformement aux ordonnances ,

X V I.

Qu'au lieu de ce faire , ou permettre qu'il fut executé , le repondant les a envoié chercher à Mons par le Brigadier de Bethunes , &

autres ,

autres , qui ont conduits les quatres caisses remplies des gâlons , à Bruxelles ,

X V I I.

Interrogé ce que ce gâlons sont devenus , ou ils ont été vendus publiquement , & où la part de Sa Majesté a été bonifiée & par qui ?

X V I I I.

Interrogé s'il n'est pas vrai que clandestinement , il a fait transporter de son authorité privée , les mêmes gâlons à Liege , où il les à vendus ou fait vendre , sans en avoir fait renseigner le contingent de Sa Majesté & sans avoir donné le tiers aux gardes saisissans , leurs aiant seulement fait paier par le Receveur arts de Quievrain , deux pistoles audit Armentiers , & à peu près autant à l'autre ;

X I X.

S'il n'est pas vrai que par l'une des cinq memoires , presentées à S. A. S. il a demandé , & a aussi obtenu la permission d'accorder une moderation de 25. pour cent des droits d'entrée sur les sucres Candis & en pain , sans plus ?

X X.

Si au lieu de faire cette moderation publique , & d'en advertir tous les Receveurs principaux , afin que tout negociant en pût profiter également , il ne l'a pas cachée prennant toute précaution imaginable pour qu'elle resta secrette , en vûe d'avantager l'un & en exclure un autre par espèce de Monopôle pour avantager ceux qn'il lui plaisoit ,

X X I.

Qu'il est vrai qu'il a donné aux uns 25. pour cent , dans le tems qu'il n'accordoit à d'autres que 15. pour cent de rabais ,

X X I I.

Qu'à Gand il ne permit pas qu'on donna plus grand benefice sur les droit du sucre Candis , que quinze pour cent , dans le tems qu'à des certains negocians du pais de Waes & de Bruxelles , il accorda lui même un rabat de 25. pour cent , & à d'autres encore seulement quinze , comme il ne l'a accordé en Novembre 1736. au Marchand Claessens de Bruxelles , qu'à concurrence de 15. pour 100.

X X I I I.

Qui sera demandé , si pardessus les passeports pour la libre sortie des Chevaux , dont est parlé dans les interrogatoires précedens , il n'en à pas encor accordé un , pour vingt Chevaux de Carosse pour l'Ambassadeur de Venise , de même un pour la Duchesse d'Orleans de douze Cheveux , le tout au mois d'Août 1736.

X X I V.

S'il n'est pas vrai qu'il a ordonné au Receveur principal de St. Vith. de laisser passer des aiguilles en toneaux , chargés par le char-

tier

tier nomé Kreyts habitant à Rutehen Frontiere de Juliers allant en France, parmi en païant les droits fur les Cuivres,

X X V.

Interrogé s'il n'a pas accordé permiffion au nomé Coutelier Bour-gemaître à Hevre, de faire entrer au païs quantité des Tabacqs d'Allemagne, pour en établir un gros Magazin, parmi paiant les deux tiers des droits établis fur l'entrée ?

X X V I.

Interrogé s'il n'eft pas veritable, qn'aiant formé la refolution de congedier le Receveur de Charleroi Ingelbien, il a jetté la vûe fur certain Pierre Janvier, pour lors garde Magafin à Bruges, pour l'éta-blir en fa place,

X X V I I.

Si a cet effet il n'a pas emploié l'Agent Mertens, a fonder les in-tentions dudit Janvier a en écouter la propofition de fa part ?

X X V I I I.

Si finalement, il n'a pas été convenu, qu'au lieu de caution per-fonele, ledit Janvier pour parvenir à cette recette, avanceroit 1600. florins de change.

X X I X.

Si après avoir reçû ces feize cent florins, des mains propres dudit Pierre Janvier, il n'a pas fait infinuer par l'Agent Mertens, qu'il fal-loit quelque argent de plus que la fomme dejà donnée, qu'aiant quelques debtes preffantes, il lui falloit encore une fomme, de fix à fept cent florins,

X X X.

Que fur les perfuafions dudit Agent Mertens, il a encore remis à lui Mertens fix cent florins déchange, qu'il exigeoit crainte d'être quitte de laditte Recette ;

X X X I.

Que ces deux paiemens faits, le repondant à fait delivrer audit Janvier une commiffion de Receveur du bureau de Charleroi, au 18. de Mars 1737., quoi qu'il étoit lors très bien informé, que S. A. S. aiant continué dans fon Emploi ledit Ingelbien, il lui étoit impoffible d'y placer le même Janvier felon qu'il lui faifoit à croire:

X X X I I.

Et Qu'au même dix-huit Mars 1737., il a encore delivré audit Agent Mertens, une lettre de change, de deux mil, deux cent qua-rante quatre florins, fans y faire aucune mention dudit Janvier, & tout de même comme fi la fomme fournie appartiendroit a cet Agent, & non pas à lui Pierre Janvier:

XXXIII.

X X X I I I.

Que cette lettre est encore à paier audit Pierre Janvier, quoique l'écheance est dejà passée, de quelque tems,

X X X I V.

Interrogé s'il n'est pas vrai, qu'il a permis de transiter par ces Païs-bas Autrichiens, de son authorité Privée, & sans aucune permission du Gouvernement, toutes sortes d'Armes indistinctement, de la valeur de cent florins, pour un florin, qui est à un, pour cent,

X X X V.

La valeur de cent florins d'Etoffes de Laine blanche, & teinte, à seize sols ?

X X X V I.

S'il ne s'est pas contenté de quatre sols sur chaque cent livres de Calmine,

X X X V I I.

De la valeur de cent florins d'Eau de Spa, de 3. florins, qui fait trois pour cent,

X X X V I I I.

Qu'il a permis le passage de la Bierre de Liege, parmi paiant de chaque tonne, un florins ;

X X X I X.

Qu'il a transité les Houblons, en paiant quinze sols de chaque cent livres pésant,

X L.

Qu'il a transité les sucres Candis & en pain, en paiant, deux florins dix sols, de cent livres pésant,

X L I.

Et sur chaque cent livres en Poudre, parmi huit patars ;

X L I I.

Le Quarteau de Sirop, en paiant trente sols ;

X L I I I.

La tonne de Huile de trach, pour quinze sols ;

X L I V.

Chaque tonne de Morue, pour douse sols ;

X L V.

Chaque tonne de Harengs, pour pareille douze sols.

X L V I.

Chaque tonne de Saumon salé, a un florin,

X L V I I.

Cent livres d'Etain en blocq, pour huit sols,

X L V I I I.

Cent livres de Poivre, pour dix sols,

T.

Chaque

X L I X.

Cent livres de Stockvis, pour cinq fols;

L.

Chaque Cuir Sec, ou fallé, parmi deux fols;

L I.

Cent livres de Corinthes, pour huit fols;

L I I.

Si avant ce tranfit particulier, que l'interrogé a authorifé pendant fa direction, les mêmes Marchandifes entrans, & puis fortans de ces Païs ne paioient pas les pleins droits d'entrée, de fortie & des tonlieux.

L I I I.

S'il n'eft pas vrai encore, que tant de ce tranfit particulier, que de celui, lui accordé par le Gouvernement, il n'a pas laiffé profiter tous les commerçans indiftinctement, mais qu'il l'a refufé a l'un, & accordé à l'autre.

L I V.

Qu'il a même exclus des departemens entiers, de ce benefice de tranfit,

L V.

S'il n'a point écrit lettres au Receveur de Bruges, qui defendoient à ce Receveur, de n'accorder aucun tranfit, a aucun Marchand de la même ville.

L V I.

S'il n'a pas expreffement defendu, de ne paffer aucune Marchandife de tranfit, pour certain nômé grand champ?

L V I I.

Enquis qui eft ce negociant nômé grand champ, & où il demeure?

Moiennant quoi

Signé J. G. De Potter.

AMPLIATION DE REPONSE,
Que fait le Baron ADAM JOSEPH DE SOTELET *Arreſté*.

SUR

L'addition des faits & charges pour le Conſeiller Procureur Général de Sa Majeſté contre ledit *Arreſté*.

L'Arreſté en ſe referant aux réponſes perſoneles, qu'il a fait ſur la matiere le 22. & 23. du préſent mois d'Octobre 1737. dira ſous toutes &c.

Sur les Articles 1. 2. 3. 4. qui concernent la moderation faite au Tour-neſis ſur les Eaux de Vie.

Qu'aiant reconnu dez le commencement de ſon adminiſtration des Droits en l'an 1732. qu'il étoit impoſſible d'obliger les inhabitans de Vezon, brave Menil & autres villages, a paier les droits ſur les Eaux de Vie, qu'ils faiſoient venir de France chez eux, tant par raport au petit traject, qu'ils faiſoient ſur les terres de l'Empereur, & qui étoit toutes foreſt, qué parce qu'il n'étoit pas permis d'aller faire les viſites convenables dans ces villages, parce que les François les reclament comme leur appartenant l'Arreſté ne laiſſa pas de faire tous les devoirs poſſibles pour empêcher cette traite, & conſtitua ſpecialement deux brigades ſçavoir à Peuves & Antoing pour tacher d'empêcher cette contrebande que ces brigades firent quelques ſaiſies, mais ne purent empêcher le gros de la traite, que ces inhabitans faiſoient pour lors à main armée.

Qu'il arriva cependant enſuite, que quelques de ces inhabitans, du nom deſquels l'Arreſté ne ſe ſouvient pas, intimidé par ces brigades vinrent offrir de paier la moitié des droits.

Que l'Arreſté communiqua cette propoſition à S. E. le Comte Viſconti, & qu'il lui fit ſpecialement reflechir, que ce paiement de droit quoi que moderé, devoit être accepté, afin de conſerver autant plus nôtre poſſeſſion ſur ces Vilages contre la pretention des François.

Et

Et que ce fut fur ces repréfentations, que ce Miniftré accorda que l'Arrefté pourroit faire cette diminution ; ce qui fuit enfuite executé & a été continué pendant cette adminiftration.

Mais que l'Arrêté ne croit pas, que cette diminution des Droits a eû lieu pendant fa direction & d'autant plus que les mêmes inhabitans ont continué de paffer à mains Armées, que les Officiers des Droits en ont faifi plufieurs & fur quoi il y a eu diverfes procedures ventilantes à Tournai.

Qu'autre refte la quantité d'Eau de Vie, que l'on a fçu, que l'on faifoit paffer, n'a jamais été fort confiderable, & que l'Arrefté ne connoit aucun des inhabitans qui font denommez à ces Articles.

Sur les Articles 5. 6. 7. 8. 9. & 10. touchant les Droits fur les Lins en Tournefis.

L'Arrefté ne fe fouvient pas d'avoir donné aucun ordre au Receveur principal de Tournai fur la fortie des Lins : & s'il en a donné un, ou fi plûtot & fur demande de ce Receveur, il lui a répondu fur la matiere, la réponfe de l'Arrefté aura été conforme aux termes énoncez à la permiffion, que S. A. S. en avoit delivrée, & fpecialement, qu'il y aura été fait mention du moien que l'Article 10. fait paffer pour oblique, quoi qu'il foit le plus prudent, & qu'en cela on n'a fait que fe conformer à la réfolution de S. A. S. laquelle porte *interminis.*

Extraict du Decret de S. A. S. du 29. Août 1735.

„ MAis quant à celui concernant la fortie du Lin crû faditte A. S. „ declare, que fon intention eft, qu'au lieu de changer le „ tarif en doublant les Droits, la defence de la fortie de cette efpece „ fubfifte, & que l'on faffe configner les triples Droits, en tenant au „ profit de S. M. ceux confignés pour tous ceux qui ne raporteront „ pas des atteftations fuffifantes, que ces Lins crûs auroient été con- „ vertis en Manufacteurs du païs.

Sur les Articles 11. & 12. touchant les Droits de fortie fur les Bois.

L'Arrefté ne fçait pas d'avoir donné aucun ordre touchant la fortie des Bois, s'il en exfifte quelqu'un il s'en raporte aux acts, lefquels feront mention du fujet de la nouveauté & fe raporteront aux Ordonnances du Gouvernement.

Sur

Sur l'Article 13. touchant l'entrée du Grain.

L'Arresté reproduit ici un Extraict du memoire qu'il a fourni touchant lesdits Grains, il dit *in terminis.*

,, Quoi que l'on ne puisse croire, de retablir cette route qu'à la ,, longue, l'on est au moins asseuré, que si *l'on remettoit les Droits* ,, *sur l'ancien pied,* les François. qui sont les plus a portée de ces ,, Provinces en profiteroient & y engageroient leurs voisins insensi-,, blement.

Et dit ensuite, que c'est ce memoire dont S. A. S. a permis l'exécution & que c'est a quoi l'Arresté s'est conformé étant à remarquer, qu'on ne pouvoit le faire autrement, car quoi qu'il y soit parlé de transit, ce n'en est proprement aucun, puis que le Grain pour traverser ces Provinces doit paier tant l'entrée que la sortie, & que pardessus & le plus souvent on vient les mettre en batteau sur les terres de S. M., qu'au reste toutes ces précautions ont resté inutiles, parce que la France n'en a pas permis la sortie.

Sur les Articles 14. 15. 16. 17. & 18. touchant les Galons Arrété à Mons.

L'Arresté se contentera de dire, que cette saisie aiant été faite du tems de son administration de l'an 1732., en aiant fair renseigner la parte competante à S. M. dans les Regîtres de la recepte de Mons, & fais donner aux Officiers Exploiteurs ce qui leur competoit, il n'est pas renu de deduire d'autre information ni preuve sur ce sujet, en vertu du Decret d'imposition de silence, dont suit copie.

Extraict du Decret d'imposition de silence du 28. Juin 1735.

,, **A** quel effect sera tenu un silence perpetuel, afin qu'en aucun ,, tems il ne soit inquieté en consideration desdits comptes, ou ,, sommes qu'ensuite d'iceux on pouroit trouver à sa charge, dont ,, S. A. S. l'a dechargé &c.

Sur les Articles 19. 20. 21. 22. touchant la moderation sur les Droits des Sucres.

L'Arresté ajoutera sur ces Articles, que le Gouvernement lui a per-

mis

mis de moderer les droits jufqu'à 50. p.^o. : & comme on lui avoit
auffi commandé à cet égaad d'agir avec toute la prudence poffible,
afin que l'on ne donnat pas de matiere aux puiffances voifines de fe
plaindre de ces moderations, que l'on feroit contre le difpofitive des
traitez de la Barriere, l'Arrefté n'a pû produire au public cette refolution du Gouvernement, & a dû fe contenter de faire notifier aux
Marchands ordinaires en cette denrée, que le Directeur étoit d'intention d'accotder quelque moderation dans les droits, qui font impofez fur cette Marchandife.

Que fur cette declaration plufieurs Marchands fe font préfenté, les
uns demandant une moindre, les autres une plus forte moderation,
& que c'eft de cette maniere, que le Directeur a traité avec eux :
deniant d'avoir jamais refufé à perfonne de profiter de cette moderation, moins encore fait de monopole, ni reçû le moindre profit
particulier de qui que ce pniffe être à ce fujet. Eftant de plus veritable, qu'il ne connoit aucun de tous ces Marchands,

L'Arrefté a crû encore, qu'il devoit negotier de cette maniere pour
le plus grand profit de S. M. & il n'a fait aucun tort à perfonne,
puis qu'il à feulement accedé aux propofitions, qui lui ont été faites
par les mêmes Marchands.

Sur l'Article 23. touchant les Chevaux.

En fe conformant aux reponfes faites fur cet Article, il ajoute,
que fi les Paffeports vantez fubfiftent, ils auront été delivrez en conformité des ordres du Gouvernement, lefquels l'Arrefté fera recher-
cher, & que cela ne peut être autrement puis que lui Arrefté n'a
aucune liaifon, ni avec la Maifon d'Orleans, ni avec l'Ambaffadeur
de Venife.

Sur l'Article 24. touchant les Eguilles.

L'Arrefté à répondu amplement fur cette matiere dans les interro-
gations précedentes, il ne fe fouvient pas & ne croit pas d'avoir donné
aucun ordre particulier en faveur du Chartier denomé, lequel il ne
connoit pas. Et fi par impoffible tel ordre exiftat, il repete qu'il fera
conforme à ceux qui auront été donné en faveur de tous autres.

Sur l'Article 25. touchant le Tabac à Herve.

L'Arrefté n'a aucune connoiffance de la prétendue permiffion donnée à Coutelier.

Sur

Sur les Articles 26. & jusqu'à 33. inclus touchant l'Agent Mertens &
le Sr. Janvier.

Quoi que l'Arresté se soit assez expliqué sur cette matiere, il dira
cependant de surabondant que le contenu des Articles 26. jusqu'à
32. inclus est entierement controuvé & contraire à la verité, qu'il
n'est de même pas veritable, que les paiemens mentiones aient été
faits, avant la delivrance de la commission de Receveur Principal de
Charleroy au susdit Janvier, ni que l'on ait été informé de l'interdit
de S. A. S. si non plusieurs jours après la delivrance de laditte commission. Qu'en consequence l'Arresté n'a rien fait accroire audit Janvier, mais qu'il at agi dans toutes ces circonstances de la meilleure foy.

Qu'il est encore veritable que l'Agent Mertens agissant pour ledit
Janvier, a demandé que les lettres dechange seroient mises à son ordre, & que l'Arresté y a acquiescé, parce qu'il ne sçavoit pas,
quelle convenance ils avoient ensemble, l'Arresté au residu ne se sou-
vient pas, que l'on ait à la suite refondu les deux lettres de change en une
seule. Et ne sçait pas si l'écheance desdittes lettres est passée ou non.

Qu'au reste l'Arresté n'aiant pû placer ledit Janvier au bureau de
Charleroy, ou il l'avoit destiné, à cause de l'interdit suivi de la part
de S. A. S., a crû qu'il étoit obligé de le mettte à son Bureau géneral, en attendant l'occasion ou de le mettre à Charleroy ou ailleurs;
mais qu'il ne l'y a pas mis en qualité d'Official, ni aux depens de
Sa Majesté, puis qu'il ne lui en a delivré aucune nouvelle commission, & que ce fut à ses propres depens, & ce qui étoit juste, puis
que ne pouvant le renvoier au Poste d'où il étoit sorti, il ne pouvoit
le laisser oisif pour attendre l'occasion de le placer.

Sur les Articles 34. & touchant le Transit.

L'Arresté ajoutera, que le second memoire qui traitoit du Transit
de quelque Marchandise vers la Ville de Liege ne se trouvant pas
assez detaillé au grez des Marchands, lors que l'on songea à le mettre en exécution, ceux-ci s'addresserent à S. E. le Grand Maître à
l'effect de le supplier qu'il seroit extendu & qu'à chacun des Articles
on y tireroit les Droits, afin qu'à la suite il n'y auroit point de sur-
prise.

Que la Requête que ces Marchands avoient presenté à S. E., fut
renvoiée à l'avis de l'Arresté, lequel conjointement avec lesdits Marchands convinrent d'une liste & detail des Marchandises, qu'ils voudroient

droient faire paſſer, & à chacune claſſe deſquelles on fixa ſon droit que cette liſte fut reproduite à S. E. lequel y ordonnà quelque peu de changement, & ſadite E. enſuite après pluſieurs pour parlers avec le Directeur des Droits & à la continuelle ſollicitation deſdits Marchands, ordonna à l'Arreſté de la mettre ainſi en exécution.

Que ce fut de cette ſorte que ce tranſit a été mis en uſage, & qu'il a été accordé de la même maniere à tous ceux qui l'ont demandé, ſans la moindre acception des perſonnes, & ſans qu'on l'ait refuſé à aucun.

Que ce même tranſit n'a été accordé, que ſous la reſtriction, que l'on devoit entrer par le Bureau d'Oſtmael, paſſer par Tirlemont, Louvain, Malines & Anvers & ſortir par Sr. Philip, & *vicé verſâ* relativement au deuxiéme memoire, que l'on avoit produit.

Et que même ç'auroit été un crime à l'Arreſté que de permettre ce tranſit, ni dans des autres departemens, ni par aucune autre route.

Qu'il eſt enſuite arrivé, que les mêmes Negotians & ſpecialement les nommez, Poulet, Bax & Villers habitans de Malines, adjoints à Grand champs negotiant à Liege ont demandé d'avoir la pareille permiſſion par Oſtende, Bruges & Gand ſur Malines & ſur quoi ils ont préſenté leur Requête à S. E. lequel d'abord leur a dit, qu'il n'y voioit aucune difficulté, qu'il en parleroit au Directeur des Droits, & qu'il leur feroit expedier les ordres à ce neceſſaires. Et ſur quoi l'Arreſté ſupplie la Cour qu'elle ſoit ſervie de faire interroger ces negotians.

Que ces Marchands ſe tenant ſur la parole de S. E. dejà aſſeuré de leur expedition, ont commandé un vaiſſeau qui étoit en charge pour leur compte en Angleterre, afin qu'il vint relacher directement à Oſtende.

Que ce vaiſſeau y eſt effectivement arrivé & que l'on a conſigné les Marchandiſes de ſon contenu és Magazins de Sa Majeſté à Bruges en attendant que le Gouvernement eut expedié la permiſſion de ce tranſit.

Que cette affaire ſe trainant cependant en longueur, les mêmes Marchands, ou leurs Commiſſionaires ſe ſont addreſſé au Juge delegué audit Bruges, lequel leur a permis l'uſage de ce tranſit ſous la condition de ſe conformer à ce que le Gouvernement en ordonneroit,

Que le Controleur des Droits à Gand nommé Fonſon aiant enſuite informé le Conſeil des Finances de cette diſpoſition, ce Conſeil en à demandé raison à l'Arresté, lequel après information prise écrivit la lettre dont il est fait mention és Articles 55. 56. & 57. de toutes lesquelles circonstances, qui touchent du transit de Malines, il n'est aucun Act du Gouvernement, le tout aiant été fait par ordre exprès & Verbal de S. E. le Grand Maître, & sur quoi on poura entendre les Marchands de Malines les Srs. Bax, Poullet & Villers, les Srs. Grandchang & Delvaux de Liege, le Secretaire Dupaix, l'Officier Vidal, & l'Agent Mertens, qui tous en ont parlé à S. E. ont sçû ses intentions & reçû les ordres.

Etant en outre a remarquer, que si la chose ne s'étoit point passé de cette maniere, & même au sçû & vû du Conseil des Finances, il auroit été impossible, que Conseil auroit toleré ce transit aussi long-tems, & qu'il ne peut pas la dessus prétexter cause d'ignorance, puis que leur Controleurs en ont signé toutes les depêches.

Sous toute correction fait à Malines le 24. Octobre 1737.

QUATRIÉME INTERROGATOIRE
Tenu le 28. 29. Novembre & 2. & 3. Decembre 1737.

Suitte d'addition de fait & Charges pour le Conseiller Procureur Général de Sa Majesté Acteur :

CONTRE

ADAM JOSEPH BARON DE SOTELET, detenu en la Conciergerie du Palais.

I.

Mousieur le Commissaire est encore requis d'interroger l'Arrêté s'il n'a point ordonné au Brigadier Peryer, de se transporter de sa part au Receveur de Navagne, & autres du Païs de Limbourg ou de Luxembourg ; afin que ces Receveurs amasseroient tout l'argent qui leur possible pour le lui porter à un jour marqué en la ville de Liege ou il seroit,

I I.

L'interrogera qui de ces Receveuts qu'il avoit fait avertir de s'y rendre avec argent, y ont satisfait, & combien respectivement chacun y a apporté, ensuite de la prétouchée advertence ?

I J I.

S'il n'est pas veritable qu'Albert Orban Receveur à Navagne a satisfait des premiers a cet ordre, s'étant à deux differentes reprises rendu chez la Mere de l'Arrêté, avec de l'argent pour lui ?

I V.

Si lors de la premiere atrivée chez ladite Mere, il n'avoit point un grand sacq, rempli des espéces avec lui ?

V.

Interrogé s'il n'a point ordonné au même Orban, d'aller porter ce sacq d'argent, au Mouton blanc, en la même ville, & de le compter à certain Rossi y Logeant pour lors ?

V I.

S'il ne point vrai qu'Orban s'y est rendu, & aiant sa commission exécutée, en à remis la quittance où le reçû, ès mains de l'Arrêté ?

VII.

V I I.

Interrogé en combien cette premiere somme comptée à Roffi, confiftoit ?

V I I I.

S'il n'eft pas pareillement veritable que, ledit Orban, fur les ordres de l'Arrêté à conduit par la barque, & de la barque fur une berwette à la maifon de fa Mere où le repondant étoit, une mande remplie d'efpeces, foit or, foit argent ?

I X.

Interrogé fi ces mêmes efpéces n'ont pas pareillement été comptées au même Roffi ?

X.

Interrogé qui eft ce Roffi, quel fon caractere, & s'il demeüroit à Liege ?

X I.

Interrogé de plus, pour quel fujet il a fait faire ces paiemens au même Roffi, & combien d'argent étoit effectivement venu dans la mande fufmentionnée avec le même Receveur de Navagne, & en quel tems ces fucceffives paiemens ont été faits ?

X I I.

Interrogé s'il ne connoit point le Château de Marchiennes près de la ville d'Hui ?

X I I I.

S'il n'y a pas Logé de fa vie ?

X I V.

Interrogé s'il ne connoit pas la terre & Seigneurie de Voort, comme auffi celles de Ricel, Bruftem & Alft toutes près l'une de l'autre, aux environs de St. Tron, pais de Liege ?

X V.

Interrogé qui en eft Seigneur, auffi bien que du Château de Marchiennes mentionné Article douze ;

X V I.

S'il dit que c'eft l'Abbé Buiffaert petit beneficier dans l'Eglife de St. Paul à Liege, & qu'il auroit achepté ces Terres du Marquis de Panqualier ou du Secretaire du feu Marquis de Prié, on lui foutiendra qu'il en impofe, mais que cet achapt eft fait pour compte de l'Arrêté, & que ce Buiffaert ne prête que fon nom fous main cet Abbé n'aiant jamais été en état de faire femblable acquifition.

X V I I.

A quel effet on l'interrogera fi pendant l'année 1732. lui Arrêté n'a pas fait un voiage à Voort, & dans le voifinage, pour examiner la confiftence de ces Seigneuries ?

X V I I I.

X V I I I.

Si peu après il n'a pas eu plus d'une conference avec le nommé Roſſi , qui étoit chargé de vendre ces terres : pour s'accommoder avec lui du prix d'icelles ?

X I X.

Interrogé ſi tous les Meubles qui ſont actuelement encore au Château de Voort, n'appartiennent point à l'Arrêté :

X X.

Interrogé ſi l'Arrêté ne s'eſt pas fait livrer de tems en tems, par certain Vander Steen pluſieurs Meubles Meublans ?

X X I.

Qu'il en à fait Meubler le Château dudit Voort ?

X X I I.

Si ces Meubles n'y ont pas été conduits par des Chariots ,

X X I I I.

Qu'un certain Guilliaume Chartier demeurant à Molenbeque , y en à Voituré à quatres diverſes fois avec ſon Chariot :

X X I V.

Que l'Arrêté n'en à fait paier aucun Droit à aucun des Bureaux de S. M.

X X V.

Qu'il en à fait paier pour le ſoixantiéme à St. Tron, & que ce même ſoixantiéme ſur le pied de la déclaration en faite, à monté chaque fois environs 150. fl. monnoie de Liege ;

X X V I.

S'il n'a pas fait Voiturer de Bruxelles d'autres Meubles que pour le Château de Voort ?

X X V I I.

S'il n'eſt pas veritable qu'il à fait remplir pluſieurs grandes Caiſſes de Tableaux précieux qui valoient ſelon ſon propre dire 40000. mille Ecus ?

X X V I I I.

Si parmi cet Tableaux , il n'i avoit point un , repréſentant la Magdalaine, pour lequel, ſelon ſon dire, on lui avoit offert 400. Guinnées ?

X X I X.

Que ces Tableaux précieux tranſportés de Bruxelles , ne ſont pas reſtés à Voort, mais ont été tranſportés à ſa maiſon à Liege.

X X X.

Que ſur la fin de l'Ete 1732. il a encore fait embâler à Bruxelles quantité des beaux Meubles, Tapiſſeries, argenterie, & tout ce qu'il avoit de plus précieux en ſa maiſon, & fait conduire fil, à fil, tant

dedans

dedans que derriere son Carosse attelé de quatre Chevaux, audit Château de Voort, & de la à Liege en sadite maison,

X X X I.

Que parmi les Coffres ou Coffrettes, dans les quels le tout étoit bien assorti il y avoit une Coffrette remplie des Espéces d'or d'argent, ou de tous deux ?

X X X I I.

Interrogé si en Decembre 1733., il n'a pas transporté & pris avec lui, dans son Carosse encore beancoup de Vaisselle, qu'il à pareillement conduit à Liege ?

X X X I I I.

Interrogé s'il n'est pas veritable, que tous ces fortes des Meubles, tant garnitures des Chambres, Sales, & pour d'autres emmeublemens acheptés d'Henry François Vander Steen, passent ou approchent la portée de sept ou huit mille fl.

X X X I V.

Interrogé si à ce sujet, il ne doit plus rien au même Vander Steen ?

X X X V.

S'il n'est pas veritable que pour tout cette levraison lui faite de tems à autre jusqu'au premier de Decembre 1735., il doit encore audit Vander Steen passent les 4. mille fl.

X X X V I.

Interrogé si l'Arrêté n'a rien achepté en personne dans la Vente des Meubles du feu Marquis de Westerloo ?

X X X V I I.

Si depuis il n'a pas donné commission à un autre pour y faire quelques emplettes de sa part ? s'il n'a point achepté fait achepter & par qui ? une très magnifique Tapisserie ?

X X X V I I I.

En combien de piéces elle à consistée, & combien elle a été acheptée ?

X X X I X.

Interrogé s'il n'a point emploié à cet effet le susnommé Vander Steen ?

X L.

Si celui-ci n'a point achetté pour son compte quantité des beaux Meubles entr'autres un superbe Miroir, & vingt quatre Tableaux de prix ?

X L I.

De Lustres de Cristal de roche, deux Couvertures pour Chevaux de Carosse de Peaux de tigres bordés d'or, & quantité d'autres choses, tant raretes qu'autres ?

Y   X L I I.

X L I I.

Interrogé que font devenues ces Tapifferies ? grand Miroir, & autres effets y acheptés ?

X L I I I.

S'il n'eft pas veritable qu'il en a fait tranfporter la plus part à Voort ou à Liege ?

X L I V.

S'il n'a pas fait declarer cette partie des Meubles à St. Tron au Bureau des foixantiémes pour 900. fl. ?

X L V.

Si parmi cet envoi des Meubles il n'y avoit point dix ou douze Pacquets des Galons d'or & d'argent provenus d'une capture faite dans le departement de Mons ?

X L V I.

Interrogê s'il n'a pas mis au Lombard quelques de fes effets, Meubles ou autres ?

X L V I I.

Enquis en quoi ces Meubles & effects confiftoient ?

X L V I I I.

Interpellé d'en produire les billets, & de declarer pour combien ces effets, y ont été engagez ?

X L I X.

Si pendant le mois de Novembre 1736. l'Arrêté n'a point achepté du même Vander Steen où plutôt de fa fille, qui demeure chez lui une Coeffure de dentelle de Bruxelles très-fuperbe pour 550. fl. ?

L.

Enquis ce que cette Coeffure eft devenue ?

L I.

S'il n'eft pas vrai que pour cette fomme & pour les autres qui reftoient encore anterieurement audit Vander Steen, il à figné, peu des jours avant fon dernier depatt de Bruxelles vers Liege, à fon ordre plufieurs lettres de change ?

L I I.

Si la premiere qui eft de 2000. fl. & à deux mois : n'eft pas du 4. Mars 1737. ?

L I I I.

La feconde qui eft à trois mois de deux mil, nonante quatre florins du même jour ?

L I V.

La troifiéme fur quatre mois de 971 - 4. fols, auffi du 4. Mars dernier.

L V.

S'il n'eft pas vrai encore qu'aucune des ces trois lettres de change n'a été acquittée de fa part à l'Echeance ?

L V I.

L V I.

Interrogé s'il ne connoit pas Giles Michel Orfevre à Bruxelles ?

L V I I.

Interrogé s'il n'a pas fait faire chez lui quelques douzaines de Cuilliers, Fourchettes, manches de Coutaux, Chandeliers, Saladiers, Baſſins, & generalement un ſervice complet d'argent, ſauf Plats & Aſſiettes ſeulement ?

L V I I I.

Interrogé ou eſt préſentement cette belle Vaiſelle d'argent ?

L I X.

Enquis s'il ne doit rien audit Michel du chef de la Levraiſon, de toute l'argenterie qui a été fournie à l'arêté de tems en tems :

L X.

Interrogé ſi par decompte arrêté entr'eux le 17. Mai 1734. l'arrêté ne lui reſtoit pas redevable & doit même encore aujourd'hui audit Michel deux mille nonante-neuf fl. 8. ſols ?

L X I.

S'il n'eſt pas vrai quil à fait ce Michel qui eſt Orfevre de ſtile, ſon Caſſier à 1200. fl. de gage par an ?

L X I I.

Qu'il en a été paié hors des fraix deſtinez pour la regie ?

L X I I I.

Quil à continué de l'en faire paier juſqu'au mois de Mars dernier, & regulierement avec la liſte des autres Officiaux appliquez à ſon Bureau de direction à Bruxelles ?

L X I V.

Que ce moien & façon de faire denote clairement qu'il à appaiſé ſes Créanciers en les aſſignant des gages très injuſtement ſans aucun ſervice effectif à la ſur charge des deniers appartenans à Sa Majeſté :

L X V.

Si de quelques Bureaux du departement d'Anvers : n'a point été conduit chez lui une grande quantité de Banilles contenans au moins trois cent bottes dans une Caiſſe ?

L X V I.

Si l'Arrêté n'en à pas fait faire près de ſix cent livres de Chocolat, par les nommez Enghelbert, Pere & Fils demeurans vielle Halle au Bled à Bruxelles ?

L X V I I.

Interrogé ce qu'il à fait de cette grande quantité de Chocolat ;

L X V I I I.

S'il n'en à pas envoié en deux Caiſſes environs 300. liv. à Vienne, à l'addreſſe d'un nomme Pokadeys :

L X I X.

L X I X.

Enquis qui eſt ce Pokadeys , quel ſon caractere & pour quel ſujet il lui a fait cet envoi.

L X X.

S'il n'entretenoit point un frequent commerce des lettres avec ce même Pokadeys , qui lui écrivoit & en recevoit des téponſes preſque toutes les Poſtes , & pour ainſi dire chaque ſepmaine ,

L X X I.

S'il n'eſt pas vrai que ce Pokadeys aiant une fois tardé à lui écrire moins qu'à l'ordinaire , le tepondant entrant en Soubçon qu'on interceptoit à la Poſterie ces lettres fit porter les ſiennes par un exprès à Liege pour les y mettre à la Poſte.

L X X I I.

Que depuis l'Arrêté à pris pour précaution de faire paſſer les ſiennes , pour le même Pokadeys à Vienne ſous couverte ſur ſon frere à Liege ?

L X X I I I.

Fit addreſſer celles dudit Pokadeys à ſon frere à Liege , les recevant ainſi parce Canal à Bruxelles ;

L X X I V.

S'il n'eſt pas auſſi veritable qu'il a fait vendre à la main à l'un & à l'autre à Bruxelles , a une Piſtole où environs la botte le reſtant de banilles qu'il avoit gardé en ſe reſetvant cependant une bonne partie pour ſa conſommation.

L X X V.

Que cette partie reſervée du depuis envoiée à Liege , auſſi bïen que le Chocolat envoiée à Vienne , à ſortie franche & libre , ſur ſes ordres ſans paier aucun Droit nulle part ſur la Frontiere ;

L X X V I.

S'il n'eſt pas arrivée chez lui une grande Caiſſe , Avec environs 900. Lâmes tant d'Epées , Fleurets , que des Couttaux de Chaſſe , ſaiſies à un des Bureaux de S. M. ſi après en avoir pris un bon nombre , tant pour ſon uſage que pour en faire préſent à ſes amis il n'a pas vendu le reſte à certain Steynemeulen , & a quel prix ?

L X X V I I.

Si on n'a point lui porté encore à Bruxelles d'un Bureau de S. M. deux grands Ballots de Cotton peint , conſiſtans en 900. piéces ou environs ?

L X X V I I I.

S'il n'a pas vendu la plûpart de Cottons à un Marchand de Lille nommé Demial ,

L X X I X.

Interrogé pour combien cette Vente a été faite & ſi lui même n'en a pas reçû le prix , dudit Marchand ?

L X X X.

L X X X.

Si pendant l'année 1736. il n'a point achepté ou fait achepter chez le nonce à Bruxelles trois Chevaux entiers, & a quel prix ?

L X X X I.

S'il n'a pas achepté encore, ou fait achepter, en la même ville de Bruxelles deux Jumens grifes pomelées, & combien ?

L X X X I I.

S'il n'a pas ordonné de conduire lefdits cinq Chevaux au Château de Voort, par le nommé Chalon lors garde à Cheval.

L X X X I.I I.

Si a quelque Bureau de S. M. il en a fait paier le Droits de fortie, ou & combien ?

L X X X I V.

Après oftenfion faite d'une recapitulation generale des fraix pour la regie des Droits d'entrée & fortie, Monfieur le Commiffaire eft requis d'interpeller l'Arrêté, s'il ne reconnoit point ce plan pour fon ouvrage ?

L X X X V.

S'il n'en à pas fubminiftré un pareil en fubftance au Miniftere à Vienne, & fur le pied du quel, il a follicité la direction, qu'il a obtenue dans la fuite.

L X X X V I.

Si la même chofe n'a pas été faite ou Gouvernement de ces Païs-bas.

L X X X V I I.

Si les fraix du Bureau de la direction generale à établir à Bruxelles n'y font pas portés de fa part, à quinze mille, quatre cent, quatre-vingt florins ?

L X X X V I I I.

Et les neceffités de ces mêmes Bureaux à neuf mille, neuf cent florins portantes enfembles fl. 25380.

L X X X I X.

S'il n'eft pas pareillement veritable que l'Arrêté y a detaillé tous les perfonages qu'il crut neceffaires pour compofer ce Bureau de direction generale ?

X C.

Si parmi fes emploiés il n'a pas rangé & tiré, deux places d'Infpecteurs Generaux & porté les gages de chacun à deux mille quatre cent florins par an ?

X C I.

S'il n'a pas conferé une de cès deux places d'Infpecteur General à Ignace de Bie ? au gage fufdit paiable hors de vingt cinq mille, trois cent quatre-vingt florins affignés fur le Bureau de recette de Bruxelles ?

Z　　　　　　　　　　　　　X C I I.

X C I I.

Interrogé s’il n’eft pas de même vrai que s’il eût jugé neceffaire un deuxiéme Infpecteur General, ces appointemens devoient lui être fournis hors de la fomme tirée pour les Officiaux qui compofent ce Bureau General à Bruxelles?

X C I I I.

Qu’ainfi fans contravention à fa propre adftriction, il n’étoit pas loifible à l’Arrêté, d’établit un deuxiéme Infpecteur General, en affignant fes gages ailleurs, que fur le comptoir & recette de Bruxelles, comme faifant partie, & comprife dens les 25380. fl. attribues pour ce forte des fraix,

X C I V.

Que cependant pour avoir tant plus à fa propre difpofition par mois, il à commiffioné fes deux freres, quoiqué refidans fixement à Liege, en qualité de deux & troifiémes Infpecteurs Generaux, lés faifant paier fecretement par la recette de Navagne : dont le Receveur eft fon affidé, & qui pour lui faire plaifir n’en a jamais fait mention dans aucun des fes états menfuels :

X C V.

Que par cette demarche & detours l’Arrêté à occafioné que le Receveur Orban eft devenu infolvent, & hors d’état de purger fon compte, tellement que par cette furprife S. M. perdra immanquablement les fommes que l’Arrêté à fait detourner par ce moien illicite,

X C V I.

S’il n’eft pas vrai, que dans ce même plan des fraix de regie il n’eft rien tiré n’y porté pour penfion ou gâges aucun des Droits d’entrée & fortie :

X C V I I.

Que malgré ce il a creé des penfions à l’avantage d’aucuns d’iceux, qu’il à fait fournir hors de la Caiffe du lieu.

X C V I I I.

Qu’il a accordé une penfion de 300. fl. annuellement au Juge Vinck d’Anvers qui par fes ordres en été paiée par la recette de la même ville,

X C I X.

Interrogé s’il n’en à pas accordé d’autres encore à quelques des Juges & de combien par an ?

C.

S’il n’a pas affigné un gage annuel à celui de Mons & de combien ?

C I.

Si celui-ci ne l’a pas touché hors des deniers de S. M. & par les ordres de l’Arrêté.

C I I.

C I I.

Que des femblablss chofes font non feulement une corruption illicite, mais un moien inventé pour le rendre dependent de l'Arrêté,
en prodiguant fans caufe les Finances du Souverain contre la teneur
de fa commiffion;

C I I I.

S'il n'eft pas de fa connoiffance que les gardes du departement de
Florenville aians Arrêtés à Chaffe piere, huit piéces de Vin de Bourgogne & deux Barils de Huile d'Olives, conduits par Jean Gerard
dit beau jour deftinés pour Liege, ils en ont pourfuivis la confifcation pardevant les Juges à Luxembourg?

C I V.

Que ces Juges après pleine connoiffance de caufe, aians accordés
main levée des effets faifis, ledit beau jour s'eft addreffé au même
Bureau, pour en confuivre l'effet, mais le Receveur ou gardes fous
les ordres de l'Arrêté, en ont faits le refus formel,

C V.

Que l'Arrêté fans fe donner la peine d'appeller de cette Sentence
provifionele, s'eft declaré ouvertement qu'il n'y defereroit jamais,
que les Juges avoient contrevenus aux Ordonnances & aux Tarifs,
qu'ainfi il fe mocquoit de leur Sentence,

C V I.

Que cette affaire étant parvenue à S. A. S. elle autoriza par fon
Decret le Confeil des Finances, pour difpofer entre l'Arrêté & le
Marchand,

C V I I.

Que l'Arrêté perfiftant dans le premier refus, & s'étant addreffé
à fadite A. S. pour pallier en quelque maniere fon procedé, cette
Princeffe a portée elle même le Decret de la teneur fuivante.

Aians pefé les raifons & circonftances deduites dans la confulte, je
declare que les huit piéces de Vin de Bourgogne & les deux Barils
de Huile d'Olives dont s'agit, n'ont pas été arrêtables, voulant en
confequence que lefdittes Marchandifes & denrées, foient inceffa-
ment relachées, & que les emploiez qui ont faits la faifie dedoma-
gent les Voituriers, de tous depens domages & interêts,

C V I I I.

Que ce n'a été qu'après avoir pouffé le caprice jufqu'à ce point
la, que la main levée ordonnée par les Juges a été effectuée,

C I X.

Interrogé s'il n'eft pas veritable qu'au lieu de fe conformer audit
Decret en laiffant paier par les faififfans les domages auxquels ils ont
été condamnés, il a fait paier les domages & les faix occafionés à ce
fujet par le Receveur de Florenville?

C X.

C. X.

Que par ce moien ; c'eſt tout autant comme ſi S· M. les ſuppor-
toit en effet , puiſqu'ils tombent dans la claſſe de fraix de regie , di-
rectément contre l'eſprit du Decret de ſaditte Alteſſe ;

C X I.

Interrogé ſi ſuivant les conditions de ſa regie , & ſelon ſon ſer-
ment y relatif , il ne ſe compte pas obligé de menager les deniers
& interêts de S. M. autant qu'un bon Pere de Famile le pourroit
faire ?

C X I I.

Si par ſes promptitudes ſans ſujet ſuffiſant , pendant le courant
de l'an 1736. il n'a pas deporté la Veuve Jaquemin de ſon emploi,
au Boterhuys à Bruges ?

C X I I I.

S'il n'i a pas mis un autre à ſa place , qui c'eſt & à quel gage
annuel ?

C X I V.

Si à la faveur de quelques recommandations l'Arrêté ne s'eſt pas
laiſſé induire à continuer les gages à laditte Veuve , quoi qu'elle , ne
rendit plus aucun ſervice effectif.

C X V.

Tellement que dans un & même tems S. M. ſe trouve ſur chargée des fraix d'un double gâge pour une & la même recette ,

C X V I.

Interrogé s'il n'eſt pas vrai & de ſa parfaite connoiſſance , qu'un
tiers des confiſcations , de tous les Bureaux de ſa regie , pour l'année finie le dernier Juin 1736. a réellement porté neuf mille 530. fl.
15. ſols 6. den.

C X V I I.

S'il en diſconvient ou en prétexe ignorance lui ſera repréſenté la
liſte en detail pour cette année :

C X V I I I.

Si par une conſeqnence ſelon ce calcul cette même année pour deux
tiers (à charge cependant des fraix des procedures & quelque peu de
part qu'il en diſtribuoit aux Officiers ſaiſiſſans) ne monte pas à dix-
neuf mille , ſoixante un fl. 11. ſols.

C X I X.

Qu'au moins il à diſpoſé réelement de deux tiers de cette ſomme ,
ſelon ſa volonté , & ſon beau plaiſir comme il le l'étoit reſervé par
ſon reglement ,

C X X.

Que les gages effectifs des emploiés au Bureau General de regie , compris les neceſſités du même Bureau , n'ont pas montés Audela de quinze mille florins par année,

C X X I.

Qu'il en à cependant été paié a Rate de 25. mille trois cent qua-tre-vingt florins,

C X X I I.

De ſorte qu'annuellement il en a mis en pôche environs 10. mille fl. ſans même avoir paié les trois derniers mois, Janvier Fevrier & Mars 1737. des gâges deſdits Emploiés,

C X X I I I.

Interrogé ſi pardeſſus les ſommes qu'il eſt ci-devant convenu devoir pour avance faite pour les Emploiés, il ne s'eſt point fait donner pendant cette derniere direction 500. fl. par le Receveur Oliſlager qu'il doit actuellement encore?

C X X I V.

Si par decompte Arrêté le 11. Fevrier 1737. il n'eſt pas reſté re-devable au Receveur mangé à Courtrai de 387. fl. 9. ſols 4. den.

C X X V.

S'il n'a pas levé pendant cette même direction du Recevéur Bon-niers à Villers quelque ſomme d'argent qu'il lui doit encore?

C X X V I.

S'il n'a pas emprunté ou fait paier pendant la même direction par Jean François Carregha Receveur de Tirlemont 437. fl. qu'il lui doit de même?

C X X V I I.

Intertogé ne s'eſt pas fait donner ou prêter par Michel Coorveels Receveur à Blanquenbergne departement de Bruges 200. fl. au mois d'Octobre 1739. qui ne ſont pas reſtitués?

C X X V I I I.

Si pendant cette même direction il n'a pas ſçû engager le garde Baudecot, de lui prêter ou donner à interêt 1700. fl.

C X X I X.

Si Guilleaume de Saive Emploié au departement de Bruxelles qui trouvoit bon à la charge de l'Arrêté 259. fl. en reſte d'une plus grands ſomme, ne s'en eſt pas rembourſé pendant cette derniere di-rection, des deniers de ſon extremiſe qu'ainſi l'Arrêté à acquitée & paiée ſa propre redevance avec les deniers de S. M.

C X X X.

Si l'Arrêté n'a pas donné en gâge des Tableaux au nommé Vanden Berghe, dont ſes heritiers trouvent actuellement encore mille fl. en reſte d'une plus grande ſomme?

C X X X I.

Interrogé s'il n'eſt pas veritable qu'étant redevable à du Paix Pere,

A a

ble

foit pour fes appointemens où autrement 4000. fl. l'Arrêté lui à ;
affigné de recevoir de Philippe Henry du paix fils Receveur à Gand
en tant moins la fomme de deux mille deux cent vingt fept florins
fept fols ?

C X X X I I.

Qu'en Exécution de cet ordre ou affignation ledit du paix fils, en
à fait le paiement effectif à fon Pere ;

C X X X I I I.

Que cette traite faite par l'Arrêté fut ledit Receveur de Gand, n'a
été n'i refournie, ni remife jufqu'à préfent de fa part au même Receveur de Gand ;

C X X X I V.

Qu'à ce deffaut ce du paix fils s'eft trouvé contraint de tâcher par
tout moien poffible à fe faire valider dans ces comptes rendus à la
Chambre la fufdite fomme de deux mille deux cent vingt fl. fur le
reliqua de fa recette,

C X X X V.

Que cette fomme étant royée, il s'eft tout à fait trouvez hors d'é-
tat pour la paier & bonifier à S. M. & l'eft encore aujourd'hui ?

C X X X V I.

Que pour éviter une prifon ignominieufe il a été contraint pour
affeurance de ces reliqua d'oppignorer le peu de bien que lui reftent
du chef de fon époufe,

C X X X V I I.

Interrogé fi dez le mois de Novembre 1735. il n'a pas commencé a molefter ce Receveur de faire pour lui des avances, tantôt de
quatre mille fl. tantôt de plus ou moins ?

C X X X V I I I.

S'il ne l'a pas follicité dez lors de vouloir preftement paier pour
lui à la Veuve Proli à Anvers une fomme de 4. mille fl.

C X X X I X.

Si ce Receveur n'a pas fatisfait en lui procurant ce paiement par lettres de change ou autrement ?

C X L.

Interrogé fi le Bureau d'Erquelins n'eft pas prez de la Frontiere de
la France ?

C X L I.

Interrogé fi en Septembre 1735. les Avoinés fortoient librement de
ces Païs en France, parmi paiant les Droits ?

C X L I I.

Interrogé s'il n'en a pas permis la fortie par fes Bureaux en paiant
les Droits ?

S'il

C X L I I I.

S'il n'a pas écrit lettres au Controlleur Pierre Natalis à Mons, en particulier, qu'il permettroit la fortie, de fept ou huit Lafts d'Avoine en paiant les Droits de fortie feulement?

C X L I V.

Que cette lettre eft du 23. Septembre 1735.?

C X L V.

Interrogé fi lors de la derniere jointe tenue le 28. Janvier 1737. en préfence de fon E. le Grand Maître, on n'a pas chargé entr'autres chofes l'Arrêté, qu'il avoit établit un tranfit par Malines fur Liege, & de Liege en retour, en y comprenant la tonne Morue, dont les pleins Droits font 37. fols, pour 12. fols la tonne?

C X L V I.

Et le fac de Sel qui paioit auparavant 3. fl. trois fols: parmi quinze fols feulement.

C X L V I I.

Si l'interrogé n'a point lors avoué ce tranfit établi de fa part, foutenant feulement, qu'il l'avoit utilement fait, pour attirer le commerce par ces Païs: fe gardant bien en ce tems de réclamer en cet égard quelque permiffion particuliere dudit Grand Maître, crainte d'en être dedit fur le champ,

C X L V I I I.

Que cependant ce tranfit fur le pied mentionné a été autorifé de fa part non feulement pour ces denrées la, mais pour autres chofes également comprifes dans les permiffions accordées aux nommés Poullet, Bax Villers & autres;

C X L I X.

Interrogé s'il n'eft pas vrai, que le Receveur d'Oftende dierens à fa requifition s'eft engagé pour 5. mille envers le negotiant Arcdeacon à Bruges à raifon des deniers levés pour lui Arrêté?

C L.

Que par deffaut de paiemeut ce même dierens a été attaqué au Confeil en Flandres où il s'eft du engager de paier comptant 800. fl. & le fur plus par termes:

C L I.

Que l'Arrêté étant requis de l'en de charger, & de pourvoir au paiement neceffaire, pour fe rembourfer promptement du moins des 800. fl. paiés à fa de charge l'Arrêté n'i a aucunement fatisfait,

C L I I.

Que l'Arrêté n'a pas non plus fatisfait au 2. paiemenr de 700. fl. auquel ledit dierens s'étoit dû engager par lettres de change pour l'Arrêté.

Qu'il

C L I I I.

Qu'il n'a non plus paié la 3. lettre, par la qu'elle ce même Receveur avoit passé, à la de charge de l'Arrêté, l'écheance de la quelle étant encore arrivée, sans se voir en état d'y fournir, a été forcé par la faute de l'Arrêté de decamper pendant le mois de Novembre 1736.

C L I V.

Que toutes les sommes avancées au même Arcdeacon : à la de charge de l'Arrêté ont réelement par le même dierens été tirées des fonds de sa recette & par consequent de la Caisse de S. M. attendu qu'il est notablement resté reliquataire pour sa recette du Bureau d'Ostende,

C L V.

Si l'Arrêté pour attraper de l'argent directement ou indirectement, à Droit ou à gauche des Receveurs qui n'osoient pas le deplaire, n'a pas fortement sollicité, pendant le mois d'Octobre 1736. celui d'Anvers à lui fournir deux cent livres de gros.

C L V I.

Si pour engager tant plus facilement ledit Receveur à écouter sa proposition, ou pour avoir pour ainsi dire pitié de lui : en faisant cette avance pour trois mois, il n'a pas pris prétexte, que les pressans besoins du Gouvernement, empêchoient pour pareil terme qu'il ne put toucher un sol de ses appointement qui étoient 4. mille fl. par mois :

C L V I I.

Que ce prétexte est autant faux que frauduleux n'étant qu'un stratagême pour parvenir plus facilement à la Caisse de S. M. maniée par ce Receveur,

C L V I I I.

Interrogé si Receveur ne lui a pas fait l'avance requise ?

Moienant quoi

Signé J. G. De Potter.

AMPLIATION DE REPONSE,

Que fait le Baron ADAM JOSEPH DE SO-
TELET *Arrêté.*

SUR

La suite d'Addition de fait & Charges du Conseiller Procureur Général *Acteur.*

L'Arresté se referant aux réponses personelles, qu'il a déjà fait sur la matiere le 28. 29. Novembre, & deux du présent mois de Decembre 1737. dira sous toutes &c.

Qu'il luy paroit, que le présent Interrogatoire ne tend, qu'à decouvrir la verité sur lefait d'une calomnie atroce, qu'une jalousie mal entendue a fait inventer contre lui depuis environs un an & demi.

L'on a publié pour lors, que lui Arresté auroit detourné une somme de cent mille Ecus tant des deniers de Sa Majesté, que de ceux des particuliers, à l'effect de les appliquer à son profit dans son Païs:

Les Marquis d'Herzelles, les Conseillers Bervoet & Dewit l'ont ainsi dit à l'Arresté, & a plusieurs autres; sans qu'il sçache, s'ils sont les Auteurs de cet avancé, où s'ils le tenoient de quelque autre.

Quoi qu'il en puisse être, l'Arresté ne hesite pas de dire, que s'il auroit été capable de commettre un excès de cette nature; il porteroit sa propre Sentence en conformité des Loix.

Mais, que si ce fait n'est pas veritable, comme il ose asseurer, qu'il ne l'est point; & que s'il fut Juge dans une pareille contestation; qu'il trouve la matiere assez grave par raport à la qualité de la Personne, pour devoir porter Sentence selon les mêmes Loix contre les Calomniateurs.

L'achapt, que l'Abbé De Buissart à fait de quelque Terres, semble auoir determiné la calomnie: comme tout est bon à un ennemi, qui s'est declaré, pourvû qu'il puisse esperer de perdre son rival,

Il n'est pas étonnant, que l'on ait volontier saisi cette occasion, & que l'on se soit mis facilement entête, que cet achapt ne pouvoit être pour aucun autre que qour l'Aresté: il a falu ensuite en forger

le

le prix, que l'on à ètabli dans les cent mille Ecus mentionnez: & y ajouter la coufequence, laquelle conftitue la calomnie: c'eft ainfi que le fameux Machiavel a enfeigné, que l'on devoit parvenir aux vûes, que l'on fe propofe.

Cependant il n'eft rien moins, que toute cette fauffe fuppofition: l'Arrefté ne fçait affez admirer la temerité, que l'on a eu de la produire aux Séigneurs Fifcaux. Mais le fait veritable eft, que l'Abbé fufdit a achepté ces Terres pour le compt de la Mere de l'Arrefté, fans que ce dernier y a eu la moindre part, ni même qu'il fut en état d'y prendre aucune.

Pour s'apercevoir de la fauffeté de cette fuppofition il ne faut faire attention, qu'à deux chofes.

1°. Que l'Arrefté a été Debiteur envers fes Créanciers de la totalité de la dette longtems avant, qu'il fut queftion de l'achapt mentionné: d'où il fuit neceffairement, que lui Arrefté n'a donc pû en prendre la valeur pour l'appliquer à cet achapt.

2°. Que jufqu'au temps préfent & pour des taifons refultantes du contract dudit achapt on n'a paié fur icelui qu'environs une fomme de vingt-cinq mille florins d'Allemagne faiſante celle de trente-cinq mille florins courant de Brabant; de laquelle circonftance il fuit encore, que l'on n'y a pas appliqué le cent mille Ecus mentionnés.

Deux points lequels prouvent en pleine évidence, que tout cet allegué n'eft qu'une pure chymere & calomnie, laquelle merite d'être punie:

Ce font des faits, fur les quels il en facile de prendre les éclairciffemens requis; mais fur le fait deſquels l'Arrefté ne doit pas s'enfoncer davantage, puis qu'il doit refter à fa partie de prouver ce qu'elle a avancé.

C'eft auffi pourquoi l'Arrefté eftime, que le premis rejoint à fes réponfes perfonelles donnera toute fatisfaction fur les 64. premier Articles du préfent Interrogatoire, n'aiant lui Arrefté, qu'à d'ajouter; qu'il fe fouvient, que vers la fin du Printems de l'an 1733. il a porté à Liege avec fon Caroffe une Tapifferie neuve pour fa Mere, ce qui felon les apparences a donné matiere à quelqu'uns de ces Articles; & que dans le même tems il a auffi porté quelques paquets des Gâlons qui furent faifis à Mons, afin de fçavoir, fi on pouroit les y debiter; mais qu'aiant été trouvé hors de mode, il les à raporté à Bruxelles comme il l'a fait effectivement étant encore veritable, que pendant l'Efté de 1734. & lors qu'il étoit hors d'employ,

il

il a porté de même à Liege une tenture de chambre de Damas verd avec quelques piéces de fa Vaiffelle, de laquelle il y a fait vendre une partie, afin de fe procurer de l'argent pour faire fon premier voyage de Vienne; & d'où l'Arrefté étant enfuite de retoûr il a raporté dudit Liege à Bruxelles vers le mois de Juin 1735. la même tenture de chambre & la Vaiffelle reftante.

Paffant enfuite du 65. Article au 80. il fera connoitre de furabondent, que quelqu'uns des cas, qui font mentionés à ces Articles, font arrivé és Bureaux d'Anvers & de St. Philip par la faute du Receveur principal d'Anvers de ce tems là nommé *Vanden Berg*, Officier, qui depuis trente ans endeça & jufqu'alors avoit fervi Sa Majefté avec toute diligence & exactitude, & auquel la tête commença à tourner, fans qu'il ait pu s'en retablir jufqu'apréfent.

Que ce fut pour lors & avant qu'on s'en feroit aperçu, que ce Vanden Berg prit plufieurs fortes de Marchandifes à la valeur, à l'égard defquelles il fut la dûpe : puis qu'après avoir fait tout le devoir poffible pour engager les Marchands proprietaires à les reprendre ; auffi bien que pour les faire vendre au Bureau d'Anvers, il ne fe trouva perfonne qui en voulu : en forte que l'Arrefté fe trouva contraint de les faire tranfporter à Bruxelles, ou on les a revendu, comme l'on a pû & toujour avec perte fur chacune defdittes Marchandifes ; en forte qu'il n'a pû être queftion d'aucune excroiffance de Droit, comme il femble, qui l'on voudroit l'infinuer. Etant de plus à remarquer, qu'à l'égard de la banile de queftion, il y eu de la filouterie ; & qu'à ce fujet tout autre Receveur, que Vanden Berg auroit pû contraindre le Marchand à la reprendre, parce qu'aiant été declarée pour des bôttes ordinaires, les quelles doivent pêfer fix onces, il ne s'eft cependant pas trouvé la vingtiéme partie defdittes bôttes, qui fuffent de ce poid ; le refte n'étant que de trois à quatre onces & le tout moifi, ce qui denotoit fuffifanment, que c'étoit un ramâs de boutique ce fut auffi pour ces raifons, que l'on fut contraint de faire nettôier toute ce banile bâton par bâton, comme en faire des bottes de fix onces ; afin de pouvoir la vendre, & de forte que vendant la meilleure bôtte à dix florins, cela n'eft pas revenu au même prix, que fi on ne l'avoit vendu que quatre, encore a-t'il fallu attendre plus de trois ans pour faire ce debit, fans que l'on ait pû recouvrer le prix qu'elle avoit couté : de maniere que l'Arrefté ne peut être taxé d'aucun excès dans ce rencontre, & que s'il devoit y en avoir eû, ils devroient tomber tant fur le Receveur principal, qui les auroit fait, que fur le Controleur de Sa Majefté, lequel auroit du y veiller, puifque c'eft en cela, que confifte le principal de fa fonction.

Quoi

Quoi que l'Arresté estime, qu'il n'étoit pas tenu d'entrer dans tout ce detail, parce que le Decret de Sa Majesté, lequel concerne la présente cause, n'affecte que sa direction ; & qu'en outre il a le Droit de se prévaloir du Decret d'imposition de silence, il a cependant crû pouvoir donner cette connoissauce sans préjudice, afin que l'on reconnoisse, qu'en aucun tems il n'a mesulé dans ses Emplois, & que quant aux cas présents il a été contraint d'en agir de cette maniere à cause de l'Occonomie de son Admodiation.

Sur les Articles 84. jusqu'à 95. inclu, il ajoutera à ce qu'il à répoudu dans le présent Interrogatoire aussi bien que dans les précedens sur la même matiere, que la recapitulation, qu'on lui à produite, n'est pas celle sur laquelle il est convenu de cette direction avec le Gouvernement ; puisque celle, dont il est ici question, lui attribue *quarante mille florins* pour son apointement, quoique l'on ne soit convenu que de *trente* ; mais qu'au reste, & quand bien même ce seroit la veritable recapitulation, l'Arresté n'entend pas, qu'il seroit obligé d'y deferer, puisque ces papiers n'ont été produit, que pour demontrer la necessité qu'il y avoit de faire une telle depense, & que selon sa commission on lui à laissé la liberté de la regler comme il la trouveroit à propos.

Au sujet des Articles 96. jusqu'au 102. inclu il repetera, qu'il n'a accordé aucune pension à aucun Juge, & qu'il ne connoit, que le Receveur Van Doole d'Anvers, lequel aiant paié pendant la direction des Finances une certaine somme au Juge de son departement, avoit crû la pouvoir porter de même dans le tems de cette direction de l'Arresté ; mais qu'en cela même ce Receveur s'est mes pris puisque l'Arresté lui à royé la preditre somme.

Sur les Articles 103. jusqu'à 111. l'Arresté ne peut rien ajouter davantage, si non qu'il est bien apparent, que cette discussion a été agitée pendant son absence, puis qu'il ne lui reste aucune memoire d'aucun des faits, dont il est mention à ces Articles.

Et quant aux 116. jusqu'à 119. inclu suivans il fera reflechir, que si ceux qui fournissent ces connoissances aux Seigneurs Fiscaux, agissoient de bonne foy & sans supercherie ; ils produiroient l'Extrait des quittances, que l'Arresté a donné pour le tiers des confiscations qu'il à reçû, afin que l'on y vit du premier coup d'œil, qu'il n'en a pas touché les deux tiers, & qu'il est extravaguant de produire la consequencé tirée.

C'est encore la même chose à l'égard des Articles 120. jusqu'à 123., car comme les comptes ne sont pas rendus, & que l'on n'a

pas

pas encore produit la liste des fraix extraordinaires, l'on sçauroit volontiers qui peut les avoir si bien informé ; & l'on ose dire, que ce ne peut avoir été, que le plaisir & l'envie, que l'on à de charger toujours davantage l'Arresté.

Il ajoutera sur les faits des Articles 123. jusqu'à 129., outre differentes réponses qu'il à déjà faite sur la même matiere, que par rapport au tiers des confiscations qui lui compete il doit tenir compt ouvert avec tous les Receveurs principaux, & que delà il ne doit pas être étonnant que deux ou trois soient en avance, lors que tout le reste est redevable.

Les Articles 131. jusqu'à 140. meritent peu l'attention de l'Arresté, puis qu'il soutient, comme il est veritable, qu'il ne doit pas un ôbole à Dupaix fils, & que ce n'est pas le fait de l'Arresté, si ce Receveur se trouve présentement redevable au Gouvernement, d'autant plus, que pendant que l'Arresté a dirigé, il ne l'a pas trouvé dans cet état.

Finalement sur les Articles 145. jusqu'à 148. l'Arresté dira, qu'il faut être aussi temeraire, que le sont ses ennemis, & aussi de pourvu de toute honte pour oser produire aux Seigneurs Fiscaux le contenu de ces Articles, après qu'il reste prouvé, que le tout a été fait du consentement & de la connoissance du Gouvernement.

Enfin la methode que l'on affecte de suivre pour eplucher la conduite de l'Arresté, lui fait entrevoir, que les vûes de ses ennemis, ne peuvent être autres, que de chercher a pouvoir demontrer, ,, que ,, lui Arresté auroit dissipé mal à propos tant les deniers de Sa Ma-,, jesté que ceux de ses Créanciers, qu'il auroit fraudé en alienant ses ,, effects : & qu'il auroit eu la vûe d'en profiter à leur detriment, ,, après une fuite, qu'il avoit premeditée de faire hors des Pais-bas. Et d'où il ne manqueroit aussi de suivre, que ce seroit une banqueroute premeditée.

Et il semble à l'Arresté, que c'est là que tendent tous les vains efforts de ses ennemis.

Quoi que les differentes réponses, que l'Arresté à fait sur les quatre Interrogatoires, qu'il à subi, peuvent donner l'a dessus une satisfaction la plus complette à des Juges aussi éclairez & aussi integres, tant sur la prétendue fuite de l'Arresté, que sur tout le reste de ce faux raisonnement, il estime cependant, qu'il lui convient de detailler davantage le sistème de ses affaires, & pour cette raison il reprendra le fil de plus haut.

C c

L'Arresté

L'Arrefté dira donc, que n'aiant pû obtenir aucune fatisfaction fur les griefs & les prétentions, qu'il avoit à la charge du Gouvernement des Païs-bas du chef de fon Admodiation de l'an 1718., quoi que ces fommes fe montaffent à plus de fept cent mille florins. Il fe trouva contraint de changer de methode, afin qu'il fauvât au moins fa reputation, & qu'il pût auffi procurer le paiément des fommes, que different particuliers lui avoient confiez pour le fervice du même Gouvernement.

Pour parvenir à ce but l'Arrefté ne parla plus d'aucune de ces prétentions précedentes, & il fe contenta de dreffer un compte de clerc à maître, par lequel il demontroit, que malgré tous fes foins, les fervices, qu'il avoit procuré; malgré qu'il ne tenoit compte de la depenfe de fa Famille, & que même il facrifioit une fomme de cent & cinquante mille florins du fien, il fe trouvoit néanmoins encore debiteur d'une autre fomme de trois cent mille florins, laquelle il n'étoit pas jufte, qui refteroit à fon compte, & qu'il n'étoit pas auffi en état de paier.

Sur ces repréfentations de l'Arrêté Sa Sacrée Majefté eut la benignité d'accommoder cette affaire en la maniere qu'il l'a deduite dans les réponfes faites fur les Interrogatoires précedens; & quoi que l'Arrêté y fut extremément lezé, comme il eft eft facile de le remarquer par la difference qui fe trouve de fon decret à celui de l'Amodiateur Botfon, auquel on à préfenté, fans qu'il l'ait voulu accepter, de paier les interêts de fon avance, outre une fomme de quinze mille florins par an pour fes peines, l'Arrêté voulut cependant deferer à la Souveraine refolution de S. S. M. perfuadé qu'elle avoit d'autres moiens pour le recompenfer.

Mais toutes les pertes, que l'Arrefté avoit fouffertes, n'étoient pas renfermées dans la fomme qu'il avoit produite. L'Arrefté s'étoit feulement attaché aux fraix de la regie de cette Admodiation, parce qu'il avoit reconnu, que la perte, qui en provenoit avec les interêts fuivis, après en avoir deduit tout le profit, fuffiroit pour fauver tout le Capital de fes Créanciers, ce qui étoit l'unique attention de l'Arrefté, & parce que moins d'Articles il y auroit eû à difcuter, & plutôt cette affaire auroit été terminée.

C'eft pourquoi il ne fera peut être pas hors de propos de detailler ici quelqu'unes des autres pertes que l'Arrefté à foufferte, fans qu'il en ait été queftion jufqu'à préfent.

SCAVOIR

S C A V O I R

Ce que divers Receveurs infolvants lui doivent encore du tems de l'Amodiation de 1718., ce qui pafſé - - - - - - *f.* 26000.

Ce que l'Arreſté à perdu fur la ferme de Bruxelles fans les interêts - - - - - - - - - - - - - - - - 15000.

Ce que lui doit le Receveur d'Anvers Vanden Berg de l'Amodiation de 1732. - - - - - - - - - - - 6500.

Et la valeur d'une lettre de change de foulon fur Anvers, remife pour les deniers de S. M. qui fut proteſtée &c. - - 4666.

Sans pluſieurs autres pertes & depenſes faites pour le ſervice - - - - - - - - - - - - - - - - - *f.* 52166.

Detail que l'Arreſté ne rejoint, qu'à l'effect de faire conſter, qu'il n'a rien diſſipé, mais bien qu'il s'eſt ruiné entiérement à ce fervice.

Pour ces raiſons & après cette deduction, la quelle eſt la plus finſcere, l'Arrêté demanderoit volontiers, à quoi pouront aboutir toutes ces perquiſitions, que l'on fait avec tant de bruit aux quatre coins de ces Provinces, tant par raport aux effects, que l'Arreſté peut avoir achepté, que pour quelques autres ſommes, qu'il peut redevoir par-deſſus celles, qu'il à déjà ſpecifiées, ſommes qui conſtituent ſes dettes particulieres, comme un chacun en peut avoir, & les quelles l'Ar-rété eſt en état de paier avec ſes dettes actives. Il ſçauroit volontiers, à quoi doivent venir au fait ces calomnies, deſquelles on a farçi toutes ces recherches.

Car s'il venoit l'envie aux ennemis de l'Arrêté de vouloir le traduire comme un failli ou un banqueroutier, il faudroit au moins que l'on établiſſe ſa créance, que l'on prouve, qu'il à moins perdu qu'il n'a reçû, & qu'il auroit mal diſpoſé du reſte.

L'on devroit donc alors fouſtraire de ſon état de clerc à maître les 150. mille fl. qu'il à facrifié du ſien: y ajouter au contraire les 52. mille fl. qui y ſont ômis: de forte que ſa perte augmenteroit de 200. mille fl. & que s'il feroit veritable, qu'il auroit diſpoſé, ſoit en achapt de Meubles, ſoit autrement de ladite ſomme, on ne pouroit encore lui faire aucun reproche, qui fut fondé, puiſque la perte effective ſubſiſteroit toujours & qu'étant avec Juſtice pour le compt de l'Auguſte Maitre, comme il l'a bien voulu reconnoître, l'Arreſté reſtoit toujours le Maître, & pouvoit diſpoſer de ſon propre fond, comme il le trouvoit à propos.

Mais tout cela n'eſt pas arrivé, comme il en apert ſuffiſanment par le detail de la préſente cauſe, l'Arrêté à trop d'honneur pour en

avoir

avoir agi de cette maniere, ce fut ce même honneur qui engagea l'Arresté à déferer aveuglément aux ordres de S. S. M. sur le compromis proposé pour la direction : & ce fut cette decision Souveraine, à laquelle les Ministres inferieurs du Païs-bas n'ont pû avoir aucune part, laquelle à reveillé la jaloufie de ses ennemis & à attiré à l'Arresté la présente disgrace.

Disgrace, dont l'Arresté ne peut douter un moment qu'un Tribunal aussi integre & composé de Ministres si éclairez, *qui virtute valent perfringere iniquitatem*, ne le tire incessanment :

         & ce faifant feront bien

Malines le 6. Decembre 1737.
Sous toute Correction.

Non confideres perfonam pauperis, Nec honores vultum poffidentis, Justè Judica proximo tuo.

         Levit. Cap. 19.

EXTRAICT

D'une Lettre écrite à l'Arresté par S. E. le Comte d'Harrach, lorsque l'Arrêté se trouvoit à Vienne &c.

Bruxelles le 16. Fevrier 1736.

. . . . Je voîs dabord dans la réponse au nombre premier, que vous n'y parlés que du transit de Terre, pendant que ma premiere idée avoit été generale & s'étoit pareillement & principalement étendu sur celui de Mer. . . . . Je quitte cette digression pour revenir à nôtre transit, celui de Lille par Bruges & Ostende me paroit très profitable, & suis d'avis, qu'à vôtre retour il faudra le mettre en exécution. Mais je ne suis pas trop content que vous ne reveniez qu'au mois de May comme me le marquez dans votre derniere du premier de ce mois, car par là bien des choses doivent languir. Vous ne parlés sous N°. 4°. que du transit que vous avez accordés à quelques Marchands d'Hollande à Liege & *vice versâ* per l'escaut & Malines, au lieu que le plus important est celui pour Ostende & les Canaux de Flandres. Car mon idée est que notre principal transit devroit venir par Ostende l'un sur Lille par Bruges, l'autre sur la Hollande par la Philip, & le troisiéme d'Ostendes à Malines sur Liege & l'Allemagne & enfin un quatriéme si vous voulez par Bruxelles sur Namur, Luxembourg & tout ce qui est de ces côtés là. Estant entretems très parfaitement Votre très-humble Serviteur.

Signé le C. Friderig d'Harrach.

C O P I E

De Declaration du Secretaire de S. M. Dupaix.

JE Soufigné Secretaire de S. M. J. & C. ci-devant premier Officier au Bureau de la regie des Droits de fortie, entrée & autres declare, que le Baron De Sotelet Directeur des mêmes Droits aiant accordé à ceux de Malines un tranfit de plufieurs fortes de Marchandifes de Hollande vers l'Allemagne & Liege par ordre du Gouvernement des Païs-bas pour tacher de ratirer par ces Provinces le commerce que les Hollandois & les Liegeois failoient & font encore actuellement par Breda & Boisleduc fans emprunter les terres de S. M., ledit Baron De Sotelet en depecha le Reglement en faveur des nommés Poulet & Backs lefquels aiant commencé à faire venir de Hollande quelque partie de Sel & autres Marchandifes pour les faire paffer vers Liege, les Officiers du Bureau de la Philip établis par les Etats de Brabant, y arrefteront ces Marchandifes fous pretexte, que la regulative n'étoit point fignée des Etats de Braban, ce qui m'obligea en abfence dudit Baron De Sotelet de m'addreffer avec l'Official Vidal à S. E. le Grand Maître de S. A. S. pour nous plaindte du refus defdits Officiers de la Philip, & fur notre plainte faditte Excellence ordonna le même jour auxdits Etats de reverender ledit Reglement de tranfit, ce qu'ils ont fait en donnant leurs ordres au bas de chaque defdits Reglemens en foy de quoi j'ai figné cette à Bruxelles le 30. Octobre 1737.

Signé **DUPAIX.**

MEMOIRE,

MEMOIRE,

Qui traite du Tranfit que les Officiers du Directeur ont accordé au Roulier Delcourt en Janvier 1736.

Et fur le fait duquel le Confeil des Finances adreffé un grief confiderable à la Charge du Directeur des Droits.

LA fimple narration du fait jointes les piéces verificatives d'icelui mettront en pleine évidence la mauvaife foi, avec laquelle le Confeil des Finances à travaillé dans cette affaire comme dans toutes les autres. Qui ont concerné le Directeur.

C'eft pourquoi on fe contentera d'ajouter ici, qu'avant de conclure la moindre chofe avec ledit Delcourt, le frere du Directeur auffi bien, que le Secretaire Dupaix ont pris la précaution d'en informer le Miniftre, qui leur a dit de pouvoir ainfi le faire, & fur quoi ils offrent leur ferment.

On ne fçait donc quel crime on a voulu imputer au Directeur des Droits fur le fait de ce tranfit, fi non afin de furprendre la religion & l'equité de S. A. S. & en l'éblouiffant par un tâs de pareils faits artiftement fouré dans la Confulte qu'on vouloit lui préfenter, afin d'en obtenir fubct obreptivement un Decret qui fut defavantageux au Directeur des Droits:

Demande qui a été faite par le Confeil des Finances en Novembre 1736.

Article 21.

„ S'il n'a pas pareillement donné au commencement de cette année
„ 1736. certaine permiffion de tranfiter des Eaû de Vie & Tabac par
„ le Bureau de Menin à un certain Delcourt fous femblable obliga-
„ tion de payer les Droits de tranfit fur le pied qu'il feroient reglez,
„ & cela fous prétexte que le dit Delcourt attendoit inceffanment les
„ depéches de fa permiffion, quoi qu'il n'ait fait aucune demarche
„ pour cela vers le Gouvernement.

Réponfe

Reponse faite par le Directeur sur l'Article 21. repris à l'autre part.

Le Directeur des Droits a dit :

Que le transit provisionel que l'on a accordé au Roulier Delcourt lors de son sejour à Vienne , n'étant pas de sa connoissance par raport aux circonstances d'icelui. Il a dû en prendre langue du Receveur de Menin & de l'un de ses Officiers le S. Dupaix. C'est pourquoi il rejoint à cette réponse tant les acts , qu'on lui à fait passer de Menin , que l'information que lui en donne ledit Dupaix , par les quelles piéces il conste , que le Conseil en l'an 1734. avoit accordé une permission plus ample , & que ce fut par prudence que l'on a remit la chose à ce qui en seroit resolu par le Gouvernement. En quoi l'on n'a usé d'aucune précipitation , puisque l'on a eû la précaution d'en informer, Son Excellence le Grand Maitre , & que cette permission est encore plus avantageuse au service que celle que le Conseil à accordé en l'an 1734.

L'on a produit avec cette réponse tant la declaration du Sr. Dupaix sur la matiere , que les lettres des Receveurs de Courtrai & de Menin , lesquelles l'éclaircissoient entiérement. Puis qu'il y avoit joint Copie de tous les ordres & nomement de celles que le Conseil des Finances avoit fait expedier.

Reflexions sur la précedente Réponse.

Sur cette réponse du Directeur toute simple qu'elle étoit , veridique & naturelle , le Conseil des Finances à olé avancer , qu'il n'avoit jamais donné aucune permission de transit au Roulier Delcourt , & que la Copie , que l'on fournissoit , d'une pareille permission étoit supposée.

Sur cette replique du Conseil on ne s'est pas contenté de faire venir de Courtrai & de Menin des Copies Autentiques tant de leur permission de l'an 1734. que d'une autre de l'an 1733. afin que ce Conseil s'apercevroit , que l'on ne sçait pas ce que c'est , que de fournir des piéces supposées.

Ce Conseil s'est contenté pour lors de dire , qu'il n'en avoit eû aucune connoissance mais il n'a pas laissé d'agir selon ses principes précedent la Consulte de Janvier 1737. le prouve en plein.

EXTRAICT

EXTRAICT

De la Consulte du Conseil des Finances du mois de Janvier 1737. touchant le Transit Delcourt.

„ LE Transit du Tabac & Eaûes de Vie par Menin en Allemagne
„ est accompagné de circonstances plus aggravantes ; il est non-
„ seulement un moien pour verser des Marchandises en fraude & au
„ préjudice de nos commerçants des Païs-bas , mais le Directeur Gé-
„ neral l'a permit & le continue jusqu'à présent sous le prétexte que le
„ nommé Delcourt étoit en poursuire pour ce Transit , & qu'il atten-
„ doit la depéche de cette permission de Transiter, tandîs qu'il n'y a
„ jamais eû de poursuite faite , & qu'au contraire le Conseil lui a
„ demandé raison de ce Transit par Lettre du 7. Juin 1736. , aux-
„ quelles il n'a pas daigné repondre , & malgré cela ce Transit vat
„ toujours son train , si avant qu'en moins de quinze mois , (*mentitur
iniquitas sibi , puisque la permission vantée n'est que de Janvier 1737.*)
„ on a expedié à Menin des depéches de ce Transit pour 85504.
„ liv. de Tabac & pour 1054. lots d'Eau de Vie , dont il n'y a pas
„ un sol de Droits de payé : *à moins que ce ne soit à la Direction Gé-
„ nerale du Baron De Sotelet , ou ledit Delcourt doit s'adresser pour en
„ être ,* ordonné selon lesdittes depéches.

„ Ce qui prouve que le frere du Directeur Géneral le Secretaire
„ Dupaix & le Directeur Géneral s'émancipent de faire de leur auto-
„ rité privée tout ce qu'ils veuillent sans s'embarasser de l'autorité du
„ Gouvernement.

„ Le Controleur de Sa Majesté dit , que l'on ne declare plus une livre
„ de Tabac depuis l'établissement de ce Transit , & que les Droits sur le
„ Tabac y aportoient ci-devant f. 1000. par an , sur quoi il est a
„ observer , que depuis lesdits Droits sont haussés de f. 2 - 10. à florins 5.
„ au cent pésant.

Il est plusieurs choses à remarquer dans cet Article de la Consulte
du Conseil de Finances qui a été produite en Janvier 1737.

1°. Quoique le Conseil a été informé à sa confusion de l'existence
réelle des deux permissions , qu'il avoit donnée au même Delcourt ,
il n'en fait aucune mention quoi qu'elle aient donné matiere à la
troisiéme permission.

E e

2°. Il

2°. Il est ensuite de fait que le même Delcourt à sollicé son expédition ordinaire en Finances par l'Agent Mertens.

3°. Que le Directeur n'a jamais vû la Lettre du 7. Juin 1736. dont l'on parle, & comme il l'a aussi declaré dans ses réponses de Novembre.

4°. Que du tems de la permission du Directeur il y a eu du danger de versement & du tems des Finances sans doute aucun.

5°. Il suppose qu'il ni a pas eû un solide paié dans le tems, qu'il n'ignore pas, que la caution existoit dans l'attente que le Conseil ou confirmeroit la permission du Directeur, ou l'augmenteroit.

6°. Et pas content il encherit encor d'avantage, & fait entendre contre la bonne foi & la verité qui lui étoir connue, que le Directeur pouroit avoir touché la somme, ce qui est la consommation de l'iniquité.

7°. Si l'on sçavoit le tems auquel le Controleur de Menin a dit ce que l'on avance, on tacheroit d'y répondre tant à sa confusion, qu'à celle du Conseil. On n'oseroit sans doute dire que ce fut pendant l'an 1733. ou 1734. terme des deux premieres permissions, car ce seroit condamner son propre fait & se donner soit même du poing au nez. Il faudra donc que ce Controleur à parlé du tems de la direction, & cela même se contredit encore après les précautions que l'on avoit prises ;

Car pourquoi plutôt en ce tems que pendant les deux années précedentes.

Il faudroit que ce Conseil expliqueroit les raisons de cette difference & c'est ce que l'on oze avancer qu'il ne pourra faire.

8°. On ne comprend pas bien à quoi aboutit la derniere clause que ces Droits sout présentement haussez, & comme l'on ne s'attend à aucune faveur du Conseil, l'on doit aussi pour cette raison supposer; que cette clause n'i a été fourée, que pour en faire tirer des consequences desavantageuses contre le Directeur & pour cette raison on expliquera ce point.

Le Directeur avoit fait connoître au Gouvernement, que les Droits sur le Tabac étoient mal proportionné, depuis sur tout qu'on avoit changé de methode a en prendre en substituant le Tabac rapé au Tabac en poudre :

Qu'il étoit manifeste par l'établissement des Droits qui chargeoit le Tabac en poudre à f. 5. au cent qu'il convenoit de charger le rapé

de

de la même fomme puifqu'il étoit entré en lieu & place de celui en poudre.

Et l'on fit remarquer, qu'il étoit neceffaire de fuivre cette difpofition depuis qu'il n'entroit plus de Tabac en poudre, & que l'on ne voioit aucun autre que Tabac en Carottes, par où le Gouvernement y perdoit confiderablement.

C'eft pourquoi aiant fait attention aux raifons du Directeur, On l'authorifa à faire ce changement.

Permiffion accordée pour un Tranfit de Tabac au Roulier Delcourt le 12. Octobre 1733.

Son Alteffe Sereniffime à pour & au nom de Sa Majefté Imperiale & Catholique par avis du Confeil de fes Domaines & Finances permit, comme elle permet par cette à Jofeph Delcourt Marchand Voiturier de faire entrer par le Comptoir de Menin, cent mille livres de Tabac preffé en Carottes venant de Saint Omer ou de Dunckerck en mandes où tonneaux pour paffer fous le benefice de Tranfit vers l'Allemagne en païant comptant audit Comptoir de Menin la fomme de huit cents florins une fois, à quoi montent lefdits cents mille livres à raifon de feize fols du cent péfant pour tous Droits d'entrée, fortie, convois, & Tonlieux, à condition d'obferver exactement les précautions ftatuées par l'Ordonnance du 29. Mai 1700., & que lefdits mandes ou tonneaux après dûe vifite en préfence du Controlleur & autres Officiers des Droits de Sa Majefté devront être fifcelez & plombés pour traverfer les villes & païs de fon obeiffance & paffer à leur deftination vers l'Allemagne par les routes qui feront reglées dans les acquits : de plus que la préfente permiffion ne fera vallable que pour le terme d'une année à compter du jour de l'expedition, & qu'elle devra être enregiftrée chez le Confeiller deputé aux affaires du Commerce, ordonnant fadite A. S. an Baron de Soteler Confeiller Adminiftrateur des Droits d'entrée & fortie & à tous autres qu'il appartient d'ainfi le permettre & fe regler felon ce fait à Bruxelles le 12. Octobre 1733. Paraphé Fonfeca Vt. Signé MARIE ELISABETH, contre figné Fonfeca, Rubens Strozzi.

Et plus bas vû & enregiftré le 26. d'Octobre 1733. Signé de Caftillon.

Seconde

Seconde permiſſion accordée pour un Tranſit de Tabac au Roulier Delcourt le 4. Decembre 1734.

Son Alteſſe Sereniſſime à pour & au nom de Sa Majeſté Imperiale & Catholique par avis du Conſeil de les Domaines & Finances permit par cette à Joſeph Delcourt Marchand Voiturier de faire entrer par le Comptoir de Menin cent mille livres de Tabac preſſé en Carottes venant de St. Omer où de Dunckerck en mandes ou tonneaux pour paſſer ſous le benefice de Tranſit vers l'Allemagne en païannt comptant audit Comptoir de Menin la ſomme de huit cent florins une fois à quoi montent les cent mille livres à raiſon de ſeize ſols du cent péſant pour tous Droit d'entrée, ſortie, convois, & Tonlieux, à condition d'obſerver exactement les précautions ſtatuées par l'Ordonnance du 29. Mai 1700., & que leſdit mandes ou tonneaux après dûe viſite en préſence du Controlleur & autres Officiers de Sa Majeſté devront être fiſcelez & plombez pour traverſer les villes & païs de ſon obeïſſance & paſſer à leur deſtination vers l'Allemagne par les routes qui ſeront reglée dans les acquits, de plus que la préſente permiſſion ne ſera valable que pour le terme d'une année à compter du jour de l'expedition & qu'elle devra être enrégiſtrée chez le Conſeiller deputé aux affaires du Commerce, ordonnant ſad. A. S. tant aux Officiers des Droits d'entrée & ſortie à Courtrai qu'à tous autres qu'il appartiendra d'ainſi le permettre & ſe regler ſelon ce. Fait à Bruxelles le 4. Decembre 1734. Paraphé Cuvelier Vt. Signé MARIE ELISABETH contre Signé Cuvelier, Rubens, Quickelberg.

Et au dos le 24. Decembre 1734. delivré le double de cette chez le Conſeiller deputé aux affaires du Commerce Signé Caſtillon.

Copie de la Lettre écrite par le frere du Directeur des Droits au Sieur Mangez Receveur Principal des Droits de S. M. I. & C. à Courtrai le 17. Janvier 1736.

Comme le Sieur Delcourt, qui à ci-devant obtenu le Tranſit des Tabacs de St. Omer, Dunckerck & Lille vers Liege & l'Allemagne attend inceſſanment les depéches de ſa permiſſion & qu'entretems il ſouhaiteroit de faire paſſer une partie deſdits Tabacs vous pourrez l'expedier en prenant ſon obligation de vous païer les Droits de Tranſit ſur le pied qu'ils ſeront reglez je ſuis &c.

Pareillé

Pareille Lettre du 9. Fevrier 1736.

Je vous ai écrit le 17. du mois passé au sujet du Transit des Tabacs du Sieur Delcourt duquel vous avez la soumission , vous pourez aussi lui expedier des acquits de Transit pour les Eaux de Vie en tenant notice pour en paier le Droits qui seront reglez par la regulative du Transit qu'il vous portera le 24. de ce mois , en prenant au sur plus les précautions necessaires &c.

Information.

Et l'on à ensuite permis au Marchand Voiturier Delcourt de faire passer cent mille livres de Tabac parmi une somme de mille florins ou un florin au cent pésant, de même que de l'Eau de Vie &c. le tout cependant sous la précaution & caution qu'il devroit se conformer à ce que le Gouvernement pourroit ordonner sur la matiere.

Et malgré toutes ces précautions & suretez que l'on avoit prise pour l'indemnité du Service de S. M. malgré que la matiere étoit assez éclaircie , on n'a pas laissé de donner encore l'ordre que l'on rejoint & tout incompetent qu'il étoit de plusieures chefs , puisque le Conseil des Finances n'a aucun pouvoir de faire arrêter personne , & que quand il l'auroit eu , l'ordre auroit du être signé de trois Financiers & contre signé : mais toutes ces demonstrations n'ont étés que pour faire plus de bruit.

Copie de l'Ordre donné au Garde Poupoulin le 26. Janvier 1737.

Les Surintendant & Directeur Géneral , Conseillers & Commis de Domaines & Finances de Sa Majesté , Très-cher & especial ami ; comme il convient pour le Service de Sa Majesté , que le Conseil soit informé si N. Delcourt Marchand de Liege qui à fait transiter beaucoup de Tabac en Carotte & quelques Eaux de Vie par Menin sur l'Allemagne ou Liege a payé les Droits dudit Transit , à qui & combien , & s'il redoit encor quelque chose de ce chef , nous vous faisons cette pour vous ordonner au nom & de la part de S. M. de faire en sorte lors que ledit Delcourt passera par cette ville de le mener chez le Conseiller Procureur Géneral Hemptines , afin qu'il soit oüi & examiné sur ce fait & en cas que le nommé Delcourt fisse difficulté de se rendre chez ledit Procureur General , Nous vous Ordonnons au

F f

nom

nom que deſſus, de l'arrêter lui & ſes Marchandiſes, pour ſeureté & recouvrement de ce qu'il doit ou peut devoir à Sa Majeſté du chef dudit Tranſit & de nous en informer à l'inſtant.

A tant Très-cher & eſpecial Ami, Dieu vous ait en ſa Sainte Garde. De Bruxelles au Conſeil des Domaines & Finances de Sa Majeſté le 26 Janvier 1737. Signé Herzelles.

Mais c'eſt ici qu'eſt la Couronne de toute cette intrigue puis que le Directeur n'a pas été plutôt parti de Bruxelles pour ſe rendre en la réſidence Imperiale, de Vienne que le Conſeil n'a d'accordé au même Delcourt le même Tranſit de quoi on tachera de produire Copie dans le Recueil des preuves & ſur quoi on laiſſe à tout homme équitable à porter ſon ſentiment.

Cette piéce a été fournie le 7. Janvier 1738.

ADDITION DE REPONSE

LE Conseiller Fiscal du Grand Conseil a fait connoître à l'Arrêté le 24. Decembre 1737. que l'on continueroit d'insister sur des prétendus excès, que l'Arrêté doit avoir commis. Sçavoir:

1°. Tant en donnant ses ordres à l'occasion du Transit des grains étrangers, & specialement, que sous ce manteau il en seroit entré une si grande quantité restée dans ces Provinces, que les inhabitans n'auroient pû vendre celui de leurs produits:

2°. Qu'aussi bien, qu'avec les acquits à caution, que l'Arrêté n'a pas fait reproduire, & par l'occasion des quels il doit avoir empoché des sommes considerables:

Deux points, sur les quels le Conseiller Fiscal a dit à l'Arresté, que la Cour n'avoit pas de satisfaction suffisante.

C'est pour y satisfaire, que l'Arresté a estimé, qu'il devoit faire la présente Addition de réponse sur la matiere, & il dira le suivant sous toute &c.

Quoique des faits de cette nature & avancés sans fondement ne meritent point de réponse, l'on ne s'y resoud, que pour donner une ample information & toute la satisfaction, que l'on doit à des Ministres respectables de ce Conseil, qui veüillent bien prendre la peine d'éplûcher le tout avec la derniere exactitude.

Selon la réponse, que l'Arresté a fait sur l'Article treiziéme du troisiéme Interrogatoire, qu'il à subi; il a fait remarquer, que le pouvoir, que S. A. S. lui avoit accordé, consistoit à retablir les Droits, qui sont imposés sur les grains, dans le même état, qu'ils l'avoient été, avant qu'on les eût haussé: sans entrer dans la discussion ni du Transit, ni de l'entrée de celui, qui pourroit rester dans ces Provinces. Puisque le mot de Transit mentionné au titre de ce memoire ne serve que de motif & de fondement à la moderation demandée. Comme la conclusion du memoire, qui en traite, le verifie suffisanment: & l'on a dit dans ces mêmes réponses, que l'Arresté s'étoit conformé à cette permission, la laissant simple, comme elle l'étoit, pour le retablissement de ces Droits sur l'ancien pied.

Cependant l'intention de l'Arresté n'étoit, que de bâisser ces Droits sur les Grains, que l'on feroit effectivement transiter, comme il l'a aussi fait connoitre à ses Receveurs: & ce ne fut que par prudence,

s'il

s'il n'a fait aucune mention de cette reserve dans les ordres publics,
qu'il a delivré, & cela pour les raisons suivantes.

Afin de ne pas gendarmer les François sur cette distinction, & pour
les engager autant plus facilement à permettre la sortie des Grains de
leur crû : parce que l'Arresté avoit reconnu suffisanment autre fois,
que lors que cette denrée ne manquoit pas, il n'est pas possible aux
François de nous vendre leurs Grains à profit, attendu les Droits de
leur sortie de France, nos Droits d'entrée & les fraix du transport : &
que l'on avoit vû par une experience constante de plusieurs années,
lors que les François envoioient leurs Grains en Hollande par le tra-
vers de ces Provinces, qu'ils n'en ont jamais amené pour la consommation de nos inhabitants : pour tacher ensuite de corriger un abus
grossier, que ceux des Finances ont permit d'introduire depuis quelques années, en accordant à la requisition des Etats de Tournesis,
que l'on pût engranger sons un même toict, tant la recolte des Terres de France, que celle des Pais-bas Autrichiens : d'où il est arrivé,
que presque toute la recolte des Terres de France, qui se trouve dans
les environs, entre sans paiément d'aucun Droit dans le Tournesis
Imperial, ni plus, ni moins, que si ç'en fut la veritable recolte ; lequel abus auroit été augmenté considerablement, si l'Arresté avoit établi une distinction de l'entrée au transit : Enfin parce que les Grains
des François éroient ordinairement chargez en batteau à Douay d'où
ils passoient ainsi de bout en Hollande : ou se chargeoient en batteau
sur nos Terres, soit à Tournay, soit au village de Lawe prés Menin,
& presque jamais ailleurs, & que dans ces endroit les Officiers des
Droits y auroient pris toutes les précautions necessaires, soit pour le
Grain, qui auroit dû transiter, ou qui auroit dû rester dans ces Provinces.

Mais, comme on l'a dit ci-devant, toutes ce précautions, que le
Directeur avoit prises, sont restées inutiles, & n'ont pû avoir aucun
des effects si desirez : les François toujours attentives à leur propre avantage ont continué la defense de la sortie des grains de leur crû, afin
de se conserver la navigation si florissante, qu'il ont vû que ce Com-
mer leur avoit attiré à Dunckerk, Commerce, qui y est présentement
si bien établi, que quand bien même les François permettroient à
présent la sortie de leur Grain, l'on à tout lieu de craindre, qu'ils
ne reprendroient point la route de ces Provinces.

L'on ne peut donc assez concevoir la temerité, que l'on at eû de
produire la consequence, que l'on a forgé il faut n'avoir ni conscien-
ce, ni honneur pour se livrer à une pareille passion : si les inhabitans

de

de Flandres & de Brabant n'ont pû vendre leurs denrées, c'eſt que le Grain a été trop abondant par tout : eſt-ce le Grain de France, qui a fait diminuer de la moitié du prix toute ſorte de Grain ès pais de Liege & de Juliers, pourquoi faut il que la calomnie vienne au ſecour ? que l'on diſe plutôt ingenuement, qu'à moins de quelque ſterilité cette denrée baiſſera chaque jour davantage, parce que l'on à reduit toutes les Terres en labeur à cauſe de la grande conſommation, que l'on a eû autrefois par les Armées, & que préſentement l'on n'eſt pas en état de conſommer, ce que ces Terres produiſent.

Ce ne ſera donc, qu'avec une très grande injuſtice, que l'on veut charger l'Arreſté de ces faits ; & il ſiêroit beaucoup mieux à ceux, qui s'en meſlent, qu'ils ſongeroient à fermer les portes, qu'ils ont ouvertes à la fraude dans le Tourneſis malgré tous les avis contraires, qu'on ait pû leur donner.

La ſeconde calomnie n'eſt pas plus ſoutenable, que la précedente.

L'Arreſté denie très expreſſement, qu'il ait été tenu à reproduire aucun acquit à caution.

Parce qu'il a eû l'autorité de diriger ces Droits en la même maniere, qu'il les à gouverné pendant ſes Admodiations.

Et que dans ces tems-là il n'a pas été obligé à ces reproductions les Ordonnances anterieures, qui en traitent, étant anéanties par la diſpoſition repriſe à la patente de regie.

Il ſuffit à lui Directeur, que ſelon ſon emplois & ſon ferment il ait eû les appaiſemens ſuffiſants ſur cet Article : & on ne le peut taxer ſur cette matiere, à moins que l'on ne demontre le defaut ; ce que l'on oſe defier, que l'on puiſſe faire. Ce nonobſtant l'on continuera de faire voir le ridicule de cet avancé.

La nature de l'acquit de caution eſt une ſeureté, que l'on prend contre la fraude du Droit de ſortie, dans le tems, que l'on donne la facilité neceſſaire pour le Commerce interne des habitans. C'eſt la definition la plus juſte, que l'on en puiſſe donner l'on en poſe l'exemple.

Poſons, que le Commerce d'un Marchand de Bruxelles ſe porte à envoier des Cuirs ſecs du Brezil à ſon correſpondant à Namur pour les y faire tânner.

Comme il faut cotôier ſur le paſſage les Terres étrangeres, & qu'il y a également une tannerie en la ville de Huy pais de Liege, où l'on pourroit introduire ces Cuirs en fraudant les Droits de ſortie

G g

au lieu de les envoier à Namur ; & afin de mettre ces Droits de de fortie *in tuto*, on ne permet pas la fortie de ces Cuirs de Bruxelles, à moins qu'ils ne foient accompagné d'un acquit à caution, par lequel le Marchand s'oblige, & figne au Regiftre du Receveur de Bruxelles, qu'à moins qu'il ne reproduife dans un tems limité le même acquit à caution jointe declaration fuffifante de l'arrivée effective de ces Cuirs, audit Namur, qu'il paiera au profit de S. M. les triples Droits, qui font impofez fur la fortie des Cuirs : & telle eft la regle conftante de l'expedition de l'acquit à caution.

Le fait au contraire de la préfente conteftation eft, que lors que le Gouvernement à trouvé à propos d'ordonner, que les Receveurs principaux des Droits iroient compter à la Chambre contre le difpofitive de la patente de Regie de l'an 1732., laquelle doit operer conjointement avec la commiffion du Directeur, & ce qui eft arrivé vers la fin de l'an 1736. il prit l'envie au Financier Dewit de fe tranfporter à la Chambre, pourvoir, fi les Receveurs y renfeignoient les acquits à caution : & fur ce qu'il trouva que non ; le Confeil des Finances écrivit au Directeur, que cette reproduction devoit être faite.

On repondit, que n'aiant eû jufques lors aucun ordre du Confeil fur cette matiere, on avoit continué de gouverner à cet égard, comme on l'avoit fait du tems des Admodiations précedentes : lors qu'il fuffifoit, que l'Admodiateur auroit fatisfaction fur lefdits acquits à caution, comme fur tous autres fans en faire aucun renfeignement : que de cette maniere on ne les avoit pas confervé, & qu'ainfi il étoit impoffible de reproduire ceux des tems écoulez, mais que l'on feroit conferver ceux, que l'on recevroit dotes n'avant, afin de donner au Confeil la fatisfaction, qu'il defiroit d'avoir. C'étoit tout ce que l'on pouvoit exiger du Directeur : & cette Loi du Confeil, fi c'en peut être une : etfi le Directeur étoit obligé de s'y conformer : elle ne pouvoit au moins avoir aucune force retroactive.

Dez ce tems-là on à confervé tous les acquits à caution avec foin : on à dez lors envoié à la Chambre une grande quantité de ceux, qui reftoient au Bureau Géneral, & qui avoient été confronté & examiné, & parmi ceux-là on y à reproduit entre autres tous ceux, que la brigade à Cheval avoit ramaflé dans differents Bureaux, fur lefquels acquits il femble, que l'on ait fondé davantage cette ridicule foutenue telle étoit dez lors l'animofité avec laquelle on agifloit avec le Directeur & on s'eft étonné plufieurs fois, qu'il ne foit pas auffi venu l'enviée au Financier Dewit de faire de même renfeigner tous les acquits de paiement, paffavant & tonlieux.

Quoi qu'il en foit, le fait fut tel, qu'on vient de le deduire. Et

pour

pour achever de demontrer le ridicule de cet avancé, on deduira encore ce qui se pratique, lors qu'un acquit à caution n'est pas renseigné en tems : & on suivra le plan de l'exemple précedent, en supposant que ce Marchand de Bruxelles ne l'aura pas reproduit dans le terme prescrit : voici l'usage constant, que l'on observe en pareil cas.

Le Receveur de Bruxelles remarquant à son Regître, que tel acquit de caution n'est pas reproduit, fait avertir ce Marchand par son Brigadier, qu'il ait à venir paier les triples Droits : ou celui-ci le fait de bonne grace ; où il faut l'y contraindre par la voie du Juge delegué.

Soit l'un ou l'autre cas, le Receveur de Bruxelles doit donner une quittance à ce Marchand pour les triples Droits, qu'il perçoit : il doit porter ces Droits à son Regître de recepte : doit en faire mention sur l'acquit à caution, que l'on reproduit : doit l'exprimer tout au long au marge de son Regître de caution, au quel il doit encore biffer la caution qui est écrite, & tout ceci en présence du Marchand qui paié les triples Droits, & de son Controleur.

Que l'on fasse ensuite, si l'on veut, la supposition ; qu'un Directeur, tel qu'il puisse être, ait eu l'intention de s'approprier cette sorte de revenu, & de ce chef empôscher des sommes considerables, l'on sçauroit volontiers comment il devroit s'y prendre ? car l'on n'est pas assez avancé dans l'école de la malice pour sçavoir de si beaux tours : comment ce Directeur pourroit il le faire, sans être decouvert dans le même instant, puis que quand bien même les acquits de caution ne feroient pas reproduits, & posons le cas, feroient égarez : on ne laisse pas d'en avoir fourni tous les mois des doubles avec les bordereaux des Droits, & à la fin de chaque année on en remet tous les Regîtres Originaux à la Chambre des comptes.

C'est aussi pour ces raisons & parce que l'on ose defier un chacun de pouvoir produire la moindre preuve de la soutenue que l'on à temerairement fait sur cet Article, que l'on ne hesite pas de dire, que cette calomnie est la plus noire & la plus perfide de toutes celles, que l'on à avancè, qu'il faut n'être Financier, que de nom pour oser la produire, & n'avoir ni religion ni honneur.

Et l'on finiroit ici tout court cette Addition de Réponse, s'il n'étoit un fait, que Dieu à fait naître, dont il convient, que la Cour soit informée puis que dans le tems, que ceux des Finnances chargent le Directeur des Droits d'avoir comis quelques prétendus excès sur le
fait

fait des acquits à caution, ils ont eux mêmes empêché le Directeur de s'acquiter de ses obligations sur cette matiere, nommement à l'égard du Receveur de Bruxelles, comme on le detaillera par un mémoire separé.

&c.

Le 7. Janvier 1738.

M E M O I R E,

Qui comprend toutes les dettes passives de l'Arresté.

Aprés que l'Arresté à demontré, verifié. & prouvé, qu'il n'avoit pas reçû le moindre sol de tout ce qui a été paié aux Receveurs principaux, soit pour les appointemens des Officiers & l'interest de leurs avances ? soit pour les fraix extraordinaires de leurs Bureaux ; sur quoi il espéce que l'on aura présentement toute satisfaction.

Aprés qu'il a été en outre reconnu par le sage Jugement, que la Cour aporté, que l'Arresté n'a pas reçû plus, qui il lui compétoit par les mains du Receveur de Bruxelles Rocquigni, & que de la Sentence il resulte même, qu'il n'a pas reçû l'entier été de ses appointemens.

Il ne peut plus rester à l'Arresté, qu'à produire le detail de toutes ses dettes passives ; afin d'achever à demontrer : qu'il n'a pas reçû plus, qu'il lui competoit : qu'il n'a pas dilapidé les revenus de Sa Majesté : & qu'il n'a pû aussi faire aucun applicât dans les païs étrangers.

Pour parvenir à cette verification l'Arresté divisera la totalité de ces dettes en trois parties : la premiere comprendra les avances faites par les Officiers des Droits d'entrée au commencement de l'an 1732. la seconde les sommes, qu'il a dû prendre à interest pour le service de diverses personnes & en differents tems : & la troisiéme reprendra, tant ce qui pourroit avoir été omis dans les deux précedentes parties, que ce que l'Arresté peut devoir de tout autre chef.

Quoi que ce simple detail sera par lui-même une verification complette de ce que l'on se propose de produire : l'on estime néanmoins, qu'il convient de se rememorer, que l'Arresté à demontré, qu'au commencement de l'an 1735. la perte, qu'il souffroit, étoit de

f. 324600.

f. 324600.: que ces dettes montroient dans le même tems à environs f. 318000. : que se trouvant dans une situation aussi violente il étoit rmpossible, qu'il ne fût de tems à autre obligé de substituer un Créancier à l'autre, c'est-à-dire, prendre de l'argent d'un nouveau pour rembourser le précedent : ce qui ne change pas la nature de la dette, & ne fait que changer de Créanciers.

Si donc il se trouve, que toutes les dettes de l'Arresté ne soient présentement que de f. 291911.; & si l'on y ajoute les sommes, qu'il a paié depuis sa direction, qui se montent à plus de f. 52000. il sera demontré, que pour les diminuer jusqu'à la somme de 313911. il a dû encore employér quatre mille florins de plus ; que ce qu'il à touché du chef de ses appointemens, & il suivra necessairement, qu'il n'a contracté aucune nouvelle dette : ni appliqué aucune somme à son profit es païs étrangers :

Le 24. Janvier 1738.

PREMIER PARTIE

Detail des avances, que quelques Receveurs des Droits ont fait au commencement de l'an 1732.

Departement de Bruxelles.	Receveur de Perwez - - *f.* 700.	
	- - - Gemblours - - - 400.	
	- - - Asck - - - - - - 233.	
	- - - Tubise - - - - - 449.	
	- - - Willebrouck - - - 500.	
	f. 2292.	
d'Anvers.	Receveur de Rupelmond - *f.* 1400.	
	- - - De Tolhuys - - 800.	
	- - - - - Callôo - - - 126.	
	2326.	
Turnhout de plusieurs Receveurs - - - - - - -	3740.	
St. Philip du Receveur - - - - - - - - - - -	3000.	
Roermond du Controleur - - - - - - - - - -	2000.	
Departement de Tirlemont.	Du Receveurs de Villers - - *f.* 560.	
	- - - Tirlemont - - 1200.	
	- - - Landen - - - - 500.	
	- - - Jauche - - - - 525.	
	- - - Dormael - - - 500.	
	- - - Diest - - - - 1050.	
	4335.	
Navagne.	Receveur de Hodimont - *f.* 1000.	
	- - - Herve - - - - 500.	
	- - - Oepen - - - - 350.	
	1850.	
Namur.	Receveur de Burdines - - *f.* 150.	*Les *f.* 600. à Onhaye ont été remplacé par *f.* 644. à Janvier.
	- - - Onhaye - - - 600. *	
	750.	
Charleroi.	Receveur de Charleroi - *f.* 2000. *	*Les *f.* 2000. à Charleroi par *f.* 1600. à Janvier & *f.* 300. à Pirotton.
	Controleur - - - - 1138.	
	- - - Chatelinaux - - 560.	
	- - Villers potterie - 1050.	
	- - - Waleourt - - - 300.	
	5048.	
	f. 25331	

Transport

Tranſport - - - - - - - - - ƒ. 25331. -

Departemens de Mons & Beaumont.	Du Receveur de Chimay - - ƒ.	600.
	- - - - Quievrain - - - -	326.
	- - - - Sivry - - - -	210.
	- - - - Pomereuil - - -	400.
	- - - - Froidchapelle - - -	210.
	- - - - Audregnies - - -	350.
	- - - - Grandreng - - -	300.
	- - - - Beaumont - - -	560.
	- - - - Labuſſiere - - -	350.
	- - - - Erquelines - - - -	210.
	Mocqueau à - - - - - - -	205.

                                             ————— 3721. -

Oſtende. Du S. Bernaiges Braſſeur à Gand pour le Sr. Dierens d'Oſtende - - - - - - - - - - 7000. -

Bruges. Du Sr. Lecocq Receveur à Frederick - - - 300. -

Gand.	Receveur de Gand - - - - ƒ.	4000.
	- - - - Selſaet - - - -	280.
	- - - - Appels - - - -	600.
	- - - - Aſſenede - - - -	350.

                                             ————— 5230. -

De divers Receveurs de Luxembourg - - 3490. -

                                           —————
                                         ƒ. 45072. -

SECONDE PARTIE.

Detail des sommes prises à interest à differents particuliers pour le Service &c.

Du Sr. De Brigode Dubois - - *f.* 20000. Restant de $\frac{60.}{m}$ *f.* d'Hollande.
Du Metier des Brasseurs à Bruxelles - 24000.*
Du Sr. Le Bourgeois - - - - 16000.*   * $\frac{29.}{m}$ *f.* dechange.
De la Barone de Willebrouck - - 35000.   * $\frac{30.}{m}$ *f.* dechanhe.
Du Sr. J. B. Ydens - - - - 19600.
Du Sr. Lambert - - - - - 5000.
Du Sr. Coppens - - - - - 5600.   ≈ - $\frac{14.}{m}$ *f.* courant.
De la Demoiselle Jaupain - - - 7000.
Du Sr. Hicquet - - - - - - 6000.
Du même - - - - - - - 7000.
Du Sr. Du Chateau - - - - - 4000.   ≈ - $\frac{56.}{m}$ *f.* courant.
Du Sr. Degrady - - - - - - 17500.
Du Sr. Willaert - - - - - 5000.
Du Sr. Vleys - - - - - - 3000.
Du Sr. Arcdeacon - - - - - 4000.
Du Sr. Prosser - - - - - - 1400.
Du Sr. Proli - - - - - - 7000.
Du Sr. Nettine - - - - - - 5400.
Du Sr. Willsens - - - - - - 5000.*

          ————
      f. 197500.

Ces sommes ont été prises à interêt par le Receveur de Bruges Metsers pour le païement des Troupes.

Remplacement à Bouilles - - - - - *f.* 2000.
à Jamar - - - 3400.

*Remplacement à Coppens - - - - - *f.* 4700, reste interêt.

TROISIE'ME

TROISIEME PARTIE.

Detail des autres dettes , qui ne font pas inferées dans les details précedents.

Qu'il a pris à intereft du Sr. Betecomp   - - *f.* 1600.
       -   - Carregha - - - 437.

Qu'il doit fode de compt à Michel environs - - 2000.
     A Magis de Bruges - - - 3000.
     Oliflagers - - - - 500.
     Mangez - - - - - 387.
     Bouillez - - - - 300.
     Saive - - - - 259.
     Tapiffier Vande Steyn - - 550.
     Sr. Nettine - - - 420.

Qu'il devra renfeigner à la recepte de Bruges les deux tiers de la vente des locques après que la Chambre fupreme en aura difpofé - - - - - 186. - 12.

Il porte en cette depenfe ce que le Sr. Orban Receveur de Navagne à payé à fes freres en qualité d'Infpecteurs , pour les raifons ci-devant produites - - 5200.

Qu'il peut devoir falvo jufto au Marchand Caillet - 1000.

Pour la petite depenfe de fa maifon - - 1500.

Pour loier d'icelle falvo jufto - - - - 2000.
                          f. 19339. - 12.

RECAPITULATION.

Premiere somme consistante dans les avances des Receveurs　-　-　-　-　-　-　-　- ƒ.　45072.

Seconde reprenante les sommes prises à interest de divers　-　-　-　-　-　-　-　197500.

Troisiéme qui comprend les autres dettes de l'Arresté　-　-　-　-　=　-　-　19339. - 12.

ƒ. 262911. - 12.

A laquelle somme si l'on ajoute celle qu'il a payé depuis sa direction environs　-　-　-　- 52000.

ƒ. 313911. - 12.

Il suivra qu'il at encore fourni du sien pour acquiter partie de cette dette　-　-　-　- 4088. - 8.

Sa dette avant la direction　-　-　- ƒ. 318000.

MEMOIRE
Servant de Conclusion finale.

L'Arresté estimant, qu'il à présentement fourni à la Cour toutes les informations necessaires pour prouver la regularité de la conduite, qu'il à tenue dans la direction des Droits, qui lui a été confiée : prend la liberté de recapiter le plus brievement.

Que cette cause ne consiste, qu'à decouvrir, si au sens du proëme de sa commission il s'est acquité de son devoir en bon & loyal Directeur.

Que si cela se trouve estre ainsi : il suivra que le terme stipulé pour cette direction dans la même commission, doit avoir lieu.

Et comme il ne peut douter, que la Cour n'ait trouvé la conduite de l'Arresté estre telle.

Il suivra donc, que ceux des Finances ont eû très mauvaise grace, se sont oubliés de leur devoir, & en ont imposé au Gouvernement, lors qu'en Fevrier 1737. ils ont produit la consulte, qui a donné matiere au présent Arrest.

Il suivra encore, que le Gouvernement loin de se conformer à la conclusion de cette Consulte, est d'autant plus obligé à maintenir l'Arresté en cette Direction, qu'il la possede au titre le plus onereux qui se puisse.

Que cela étant il ne peut être d'aucune utilité d'examiner ici, ni la consistence, ni la nature des dettes de l'Arresté, puis que c'est une affaire, qui a été consommée par Sa Sacrée Majesté même, dans l'espece de transaction, qui a donné lieu à la présente direction.

Puis que pendant que l'Arresté jouira d'icelle, ses Créanciers auront toute la sureté, qu'ils puissent desirer, même au delà du terme des ordonnances, qui n'accordent, que le tiers : ce que la conduite précedente de l'Arresté à demontré suffisanment.

Que si cependant & contre toute attente il seroit arrivé, ou arriveroit, que quelqu'uns desdits Créanciers ne voudroient se fier à l'Arresté il consent, comme il l'a déjà fait, que les deux tiers de ses appointemens soient sequestré *ad istum effectum.*

Qu'enfin le Gouvernement y trouvera aussi toute sa sureté touchant la somme des frais, qui a excedé celle de 240. mille fl.

F.t

Et parmi quoi l'Arresté espere, que la Cour sera servie de decreter.

Que l'Arresté sera dechargè de tous les griefs produits à sa charge, comme étant irrelevans, frivoles, controuvez & non recevables.

Qu'il sera retablit en ses lieux, places & degrez au sens de sa commission.

Et condamnera sa partie adverse à tous depens, domages & interest &c.

Le onze Janvier 1738.

CINQUIEME INTERROGATOIRE

Tenu le 31. Janvier 1738.

Adjoutté à la suitte d'Addition de faits & Charges, pour les Conseillers Fiscaux de Sa Majesté Acteurs,

CONTRE

Adam Joseph Baron De Sotelet detenu en la Conciergerie du Palais.

I.

IL Plaira à Monsieur le Commissaire d'interroger l'Arrêté, & de lui demander s'il ne connoit point, certain Trevanò.

II.

Quil est, & où il reside?

III.

Lui demandera s'il n'a jamais été en Commerce avec icelui?

IV.

S'il ne l'a jamais parlé, ou lui écrit des Lettres?

V.

Si l'Arrêté n'a jamais tiré des Lettres de change sur lui?

VI.

Ou bien si le même Trevanò n'a jamais tiré ou fait traite sur l'Arrêté?

VII.

Si jamais Lettre tirée de l'un de l'autre de deux n'a été protestée?

VIII.

Si l'Arrêté n'a jamais obtenu cession de quelque lettre, ou lettres protestées à la Charge de Trevanò?

IX.

S'il n'a pas non plus acquits quelques lettres déjà protestées au profit de Trevanò ou de ses aians cause à la charge d'un tiers?

X.

Enquis qui étoit la persone à la charge de qui elle avoit été protestée?

XI.

S'il n'est pas de sa connoissance que lettre, ou des Lettres de

K k

change

change appartenantes ou aians appartenues audit Trevano, ont été protestées à la Charge du Marquis de Prié, auparavant Pancalier ?

X I I.

Si ces lettres n'alloient point à treize mil florins plus ou moins.

X I I I.

Si ces lettres par cession ou autrement ne sont pas parvenues à l'Arrêté ?

X I V.

S'il n'est pas de sa connoissance que l'import de ces lettres ait été assigné par le Marquis sur le Pisin, en Piemont où en Savoie ?

X V.

S'il n'est pas vrai aussi, que l'Arrêté à voulu malgré cette assignation en consuivre le paiément effectif ?

X V I.

Mais que ledit Marquis l'a refusé sous le susmentionné pretexte fut il bon ou mauvais.

X V I I.

Demandera à l'Arrêté s'il à encore présentement ces lettres vers lui : ou enfin ce qu'elles sont devenués ?

X V I I I.

Lui demandera encore, s'il n'est pas veritable, que l'Arrêté à prétendu donner audit Marquis lesdites lettres sn paiément sur ce qu'il lui devoit ; mais que ce Marquis l'a refusé sous ledit pretexte, qu'il avoit déjà asseuré la debte sur le Pesin :

X I X.

Interrogé ce que devoit l'Arrêté lors au même Marquis & de quel chef il en étoit le debiteur ?

X X.

Interrogé s'il n'a pas paié ou fait paier directement ou indirectement au même Marquis de Prié, où à ses gens d'affaires trente mil florins Brabant Liegeois à deux Escalins le florin ?

X X I.

Interrogé quand ce paiément a été fait, en qu'elle année, & en quel mois ?

X X I I.

Interrogé pour quel sujet il a fait le paiement d'une grosse somme, aux Ordres dudit Marquis,

X X I I I.

Interrogé si ce n'a pas été à compte de l'achapt fait le 13. Janvier 1733. de la Terre de Voort & autres, acquises dudit Marquis : venues du chef de son Epouse Doüariere du Comte de Tollet.

X X I V.

Interrogé si ce paiément n'a point été fait par lui-même, on de

sa

ſa part aux nommés Roſſi, ou Capitaine Pierre Albert Giſlain, envi‑
ron ou pendant le mois de Janvier 1733.

X X V.

Interrogé s'il l'Arrêté n'a pas fait, ou fait faire du depuis d'autres
paiémens, aux Ordres ou aux Agens dudit Marquis : à qui & de
combien ?

X X V I.

Interrogé ſi le nommé Hodyſter n'étoit pas au mois de Novem‑
bre 1735. Receveur au Bureau de la Buiſſiere ?

X X V I I.

Si ce n'eſt pas ce même Hodyſter par le Bureau du quel écr‑
tain Werion de Thuin requit la permiſſion de la ſortie de huit Laſts
d'Avoines parmi paiant les Droits :

X X V I I I.

Interrogé ſi ſoixante raſieres de Bruxelles ne font pas un Laſt.

X X I X.

Interrogé ſi les ſimples Droits d'entrée d'un pareil Laſt de froment
venant de France, ne ſont point à trois ſols la raſiere ou à neuf flo‑
rins le Laſt.

X X X.

Interrogé par quel motif l'Arrêté en permettant la ſortie audit
Werion, l'a aſſigné le Bureau d'Erquelines, qui eſt ſur le chemin
de Maubeuge, Terre de France ?

X X X I.

Sera repréſenté qu'en un des memoires, dont il a ſollicité & obtenu
de *S. A. S.* la permiſſion de les mettre en exécution, l'Arrêté à ex‑
poſé qu'on auroit joüi aux Pais‑bas d'un grand produit des Grains
venans de France allans par ces pais en Hollande, juſqu'à ce qu'il eſt
venu l'envie au Conſeil des Finances de faire Quadrupler les Droits
qui étoient impoſés ſur cette d'enrée, pourquoi ſera interpellé d'aſ‑
ſigner cette Ordonnance qui en quadruploit les Droits ſur le Tranſit ;
ou au moins en indiquer l'année qu'elle fut émanée :

X X X I I.

D'indiquer de même celle qu'il prétend le diſpenſer de faire exiger
les triples Droits (dont les ſimples ſont tirés dans le Tarif de 1670.
qui ſeul opere vers la France, comme celui de 1680. ſeulement con‑
tre la Hollande) pour les Grains venans de France pour reſter en ces
pais :

X X X I I I.

A c'eſt effect lui ſera repréſenté que le retabliſſement des Droits au
vieux pied ſans permiſſion particuliere, ne comprend autres Grains
que ceux entrés au pais, venans de France pour y être conſommés
reſtoient toujours charges, des triples Droits :

X X X I V.

X X X I V.

Monsieur le Commissaire est requis de donner vision & lecture à
l'Arrêté, de la deduction & operation qui resulte des comptes coulez
& clôs entre lui, & le Receveur de Bruxelles qui prouve qu'au premier du mois de Septembre 1736. l'Arrêté avoit anticipé sur la caisse
de ce Receveur de la somme de f. 9882. - 17. - 10. den.

X X X V.

Item qu'au commencement de Decembre après c'étoit encore la
même chose, pour f. 4262. 16. s.

X X X V I.

Interpellant l'Arrêté d'en convenir, ou bien montrer en quoi cette
operation seroit fautive en quelque endroit.

Moienant quoi

Etoit Signé J. G. DE POTTER.

AMPLIATION DE REPONSE,

Sur le cinquiéme Interrogatoire tenu le 31. Janvier 1738.

L'Arreſté en ſe referant aux réponſes Perſonelles, qu'il à déjà fait ſur la matiere, ajoutera le ſuivant ſous toute &c.

Sur les Articles 26. 27. 28. 29. & 30.

Qu'il eſt aſſez notoire, & que c'eſt par une pure inadvertance, que l'Arreſté a nommé le Bureau d'Erquelines, au lieu de celui de la Buſſiere dans l'ordre, qu'il a expedié pour permettre la ſortie de l'aveine en queſtion : mais que cependant le ſuites de ce tranſport levent tout le ſcrupule, & les conſequences deſavantageuſes, que l'on pouroit tirer ; puis qu'il conſte par la recherche, que l'on a fait à la Chambre des comptes, que l'on n'a fait ſortir aucune aveine par le Bureau d'Erquelines avec l'ordre de l'Arreſté, & que celle dont il eſt queſtion eſt ſortie pour le compt du Sr. Werion en vertu du paſ-feport de S. A. S.

Sur les Articles 31. 32. & 33.

Que S. A. S. par Act du 29. Août 1735. a permis à l'Arreſté de mettre en exécution proviſionelement le contenu des memoires, qui avoient été joints à ſa ſoumiſſion.

Que c'eſt au contenu de ces memoires, & non aux titres d'iceux, qu'il faut s'arreſter

Que le contenu de celui, qui traite du Grain, eſt de retablir les Droits du Tarif de l'an 1670. ſur le pied, qu'ils étoient avant le ma-nation de l'Ordonnance de l'an 1721., qui avoit quadruplé ceux ſur les grains.

Qu'avant la preditte Ordonnance on percevoit indiſtinctement, tant ſur les Grains venant de France, leſquels reſtoient dans ces Provinces ; que ſur ceux, qui tranſitoieut les ſimples Droits, qui ſont tirez au Tarif de l'an 1670.

Que c'eſt en vertu de la permiſſion ſuſditte, que l'Arreſté a remit les Droits en cet état, & qu'il à abrogé l'Ordonnance de l'an 1721. ; de maniere, qu'elle ne pouvoit plus operer, ni ſur les Grains, qui

L l

reſtoient

reſtoient dans ces Provinces, ni ſur ceux, que l'on feroit tranſiter; le tout pour les raiſons, qu'il à deduites dans ſes réponſes précedentes.

Et comme l'Arreſté à lieu d'eſperer, que la préſente cauſe tend à ſa fin : il ſupplie très reſpectueuſement la Cour d'être ſervie d'ordonner aux Seigneurs de l'Office Fiſcal, qu'ils ne pourront émanuer aucune des piéces & écritures, qu'on leur à ſubminiſtré pour ſervir en la préſente cauſe ; afin que l'Arreſté puiſſe y reconnoître ceux, qui ſe ſont conſtitué ſa partie adverſe, auſſibien que ceux qui ont depoſé contre lui, & en ce agir à la ſuite comme de Conſeil &c.

Le trois Fevrier 1738.

Sentence Proviſionelle.

Vû les Lettres de S. M. du 24. Avril & 8. Mai 1737. & celles de S. A. S. du premier Juin ſuivant : vû auſſi les productions faites en conſequence deſdittes Lettres par les Conſeillers Fiſcaux de ſaditte Majeſté Acteurs & par eux employées pour information préparatoire : vû pareillement les écrits des faits par eux poſé, & les concluſions priſes à charge de Meſſire Adam Joſeph Baron De Sotelet Arreſté & préſentement de tenu en la Conciergerie de ce Conſeil, enſemble les réponſes tant perſonelles qu'additionelles de l'Arreſté & autres exhibitious faiies de ſa part.

La Cour declare, que le Procès ſera fait & par fait à l'Arreſté extraordinairement : à quel effect admet les Acteurs à preuve des faits par eux poſez & à poſer tant à charge, qu'à decharge, l'Arreſté entier en ſa preuve contraire reſerve les dépens.

Prononcé à l'Arreſté detenu à la Conciergerie du Grand Conſeil le 10. Fevrier 1738.

Signé DE ROBIANO.